职业院校课程改革精品教材

Ershouche Pinggu
二手车评估

(第3版)

北京运华天地科技有限公司　组织编写
裘文才　主　　编
陈德阳　主　　审

人民交通出版社股份有限公司
北京

内 容 提 要

本书是职业院校课程改革精品教材,主要内容包括:汽车基本知识、汽车的使用寿命与报废标准、二手车概述、二手车鉴定评估概述、二手车手续检查与交易咨询、二手车技术状况鉴定、二手车评估的基本方法和二手车鉴定评估人员的素质修养。

本书可作为职业院校汽车服务与营销专业的教学用书,也可作为二手车市场从业人员的工作参考用书。

图书在版编目(CIP)数据

二手车评估/裘文才主编.—3版.—北京:人民交通出版社股份有限公司,2021.7
ISBN 978-7-114-17015-7

Ⅰ.①二… Ⅱ.①裘… Ⅲ.①汽车—鉴定—职业教育—教材②汽车—价格评估—职业教育—教材 Ⅳ.①F766②F407.471.5

中国版本图书馆 CIP 数据核字(2021)第 018361 号

书　　名:	二手车评估(第3版)
著 作 者:	裘文才
责任编辑:	时　旭
责任校对:	孙国靖　卢　弦
责任印制:	张　凯
出版发行:	人民交通出版社股份有限公司
地　　址:	(100011)北京市朝阳区安定门外外馆斜街3号
网　　址:	http://www.ccpcl.com.cn
销售电话:	(010)59757973
总 经 销:	人民交通出版社股份有限公司发行部
经　　销:	各地新华书店
印　　刷:	北京市密东印刷有限公司
开　　本:	787×1092　1/16
印　　张:	13.75
字　　数:	226千
版　　次:	2010年7月　第1版
	2016年10月　第2版
	2021年7月　第3版
印　　次:	2021年7月　第3版　第1次印刷　总第10次印刷
书　　号:	ISBN 978-7-114-17015-7
定　　价:	36.00元

(有印刷、装订质量问题的图书由本公司负责调换)

PREFACE 第3版前言

整车市场与二手车市场存在着紧密的联系。整车市场的快速发展,推动着二手车市场的前行。在新车市场增速减缓的情况下,二手车市场保持着较快的增长速度。二手车市场的不断扩容对二手车从业人员提出了更高的要求。

本书是职业院校课程改革精品教材之一,作为汽车整车与配件营销专业的教学用书,自出版以来受到广大职业院校师生的好评。为了更好地适应汽车行业的快速发展,满足市场对汽车营销和销售服务人才的高要求,人民交通出版社股份有限公司组织相关专家、老师对本套教材进行了修订。本次修订力求与汽车营销的实际工作相结合,注重对学生技能的培养,以帮助学生尽快适应高难度、高技术、高技巧、高专业化的汽车营销岗位。

《二手车评估(第3版)》的修订工作,是以本书第2版为基础,吸收了教材使用院校教师的意见和建议,在修订方案的指导下完成的。修订内容主要体现在以下几个方面:

(1)增加了二手车出口及新能源汽车的相关内容。

(2)更新了二手车相关的法律法规。

(3)更新了部分图片。

(4)更新部分数据及相关标准,并纠正第2版教材中的错误。

本书由研究员级高级工程师裘文才教授担任主编并负责全书的修订工作,宁波技师学院朱晓亮担任副主编。本书由山东交通学院陈德阳主审。

限于编者的水平,书中难免有不妥之处,敬请广大读者批评指正。

编 者
2021 年 1 月

目 录

第一章　汽车基本知识　/1

第一节　汽车的分类 ………………………………………………………………… 1
第二节　汽车的识别 ………………………………………………………………… 4
第三节　汽车的形式 ………………………………………………………………… 8
第四节　汽车技术参数和性能指标 ………………………………………………… 14
思考与练习 …………………………………………………………………………… 21

第二章　汽车的使用寿命与报废标准　/22

第一节　汽车的损耗 ………………………………………………………………… 22
第二节　汽车经济使用寿命的量标与估算 ………………………………………… 23
第三节　机动车强制报废标准规定 ………………………………………………… 26
思考与练习 …………………………………………………………………………… 28

第三章　二手车概述　/29

第一节　二手车市场的形成与发展 ………………………………………………… 29
第二节　二手车交易概述 …………………………………………………………… 33
第三节　二手车市场概述 …………………………………………………………… 45
思考与练习 …………………………………………………………………………… 53

第四章　二手车鉴定评估概述　/54

第一节　二手车鉴定评估技术规范 ………………………………………………… 54
第二节　二手车鉴定评估的基本概念 ……………………………………………… 60
第三节　二手车鉴定评估的依据和原则 …………………………………………… 63
第四节　二手车鉴定评估的程序 …………………………………………………… 66

思考与练习 ··· 69

第五章　二手车手续检查与交易咨询　/70

　　第一节　二手车合法凭证的检查 ··· 70
　　第二节　二手车交易与评估手续 ··· 75
　　第三节　二手车交易与评估咨询 ··· 79
　　思考与练习 ··· 83

第六章　二手车技术状况鉴定　/84

　　第一节　二手车静态检查 ··· 84
　　第二节　二手车动态检查 ·· 105
　　第三节　二手车仪器检查 ·· 115
　　第四节　二手车技术状况综合评定 ····································· 118
　　思考与练习 ·· 129

第七章　二手车评估的基本方法　/131

　　第一节　现行市价法 ·· 131
　　第二节　重置成本法 ·· 138
　　第三节　评估报告主要内容与基本要求 ································ 149
　　第四节　二手车评估价与销售定价 ····································· 155
　　思考与练习 ·· 157

第八章　二手车鉴定评估人员的素质修养　/158

　　第一节　提高二手车鉴定评估人员素质修养的意义 ················· 158
　　第二节　二手车鉴定评估人员的知识结构和专业技能 ·············· 159
　　第三节　二手车鉴定评估人员的伦理修养 ···························· 162
　　思考与练习 ·· 164

实训项目　/165

　　实训一　汽车发动机号、底盘号拓印 ·································· 165

实训二	二手车成交车辆办证模拟角色演练	165
实训三	二手车静态检查	166
实训四	二手车动态检查	171
实训五	发动机功率与汽缸密封性检测	172
实训六	汽车制动性能检测	175
实训七	汽车排放污染物检测	176
实训八	汽车前轮定位参数检测	178
实训九	汽车前照灯技术状况检测	179
实训十	二手车现行市价法评估计算	180
实训十一	二手车重置成本法评估计算	181
实训十二	二手车鉴定估价报告撰写	182
实训十三	二手车鉴定估价软件操作	183

附录 /184

附录A	汽车产业发展政策	184
附录B	二手车流通管理办法	196
附录C	关于调整汽车报废标准若干规定的通知	201
附录D	复利系数表	202
附录E	上海市二手车买卖合同示范文本	206
附录F	二手车技术状况鉴定作业明细表	211

参考文献 /212

第一章

汽车基本知识

通过本章的学习,你应能:
1. 叙述汽车的分类;
2. 知道 VIN 码识别技术和识别各种标牌标签;
3. 知道汽车的形式和各种技术性能指标;
4. 正确完成汽车发动机号、底盘号拓印。

第一节 汽车的分类

由于经济社会的不断发展和科学技术的飞速进步,人类对汽车的需求日趋丰富,汽车的用途更加广泛,随之汽车的结构和装置被不断改进,汽车的种类越来越多。为了满足人们对生产、销售、管理等各种需要,必须对汽车进行分类。汽车分类的方法很多,可以按汽车的用途、结构来分,也可以按有关标准法规来分。世界各国对汽车的分类方法也不尽相同。

 世界汽车分类常识

1. 欧系分类

欧系分类可以德国车为例。德国汽车标准分为 A00、A0、A、B、C、D 等级别。其中,A 级车(包括 A0、A00)为小型轿车,B 级车为中档轿车,C 级车为高档车,D 级车为豪华轿车,等级划分主要依据轴距、发动机排量、质量等参数。

(1) A00 级车。A00 级车轴距为 2~2.2m,发动机排量小于 1L。

(2) A0 级车。A0 级车轴距为 2.2~2.3m,发动机排量为 1~1.3L。

(3) A级车。A级车轴距为2.3~2.45m,发动机排量为1.3~1.6L。

(4) B级车。B级车轴距为2.45~2.6m,发动机排量为1.6~2.4L。

(5) C级车。C级车轴距为2.6~2.8m,发动机排量为2.3~3.0L。

(6) D级车。D级豪华轿车轴距均大于2.8m,发动机排量基本都在3.0L以上。

另外,德国轿车的车尾字母有G、GL、GLS等,一般理解为G为基本型,GL为豪华型,GLS为顶级车。

2. 美系分类

美系分类可以通用汽车公司的分类标准为例。通用公司一般将轿车分为六级,它是综合考虑了车型尺寸、发动机排量、装备和售价之后得出的分类。

(1) Mini级。Mini级一般指发动机排量在1L以下的轿车。

(2) Small级。Small级一般是发动机排量在1.0~1.3L的轿车,处于我国普通轿车级别的低端。

(3) Low-med级。Low-med级一般是发动机排量在1.3~1.6L的轿车。

(4) Interm级。Interm级和德国的低端B级轿车基本吻合。

(5) Upp-med级。Upp-med级涵盖B级轿车的高端和C级轿车的低端。

(6) Large/Lux级。Large/Lux级和国内的高级轿车相对应,涵盖C级车的高端和D级车。

3. 日本汽车的分类

日本是汽车生产大国,但它的汽车分类比较简单,仅有三类,即轻乘用车、小型乘用车、普通乘用车。

 我国汽车分类常识

我国汽车分类的方法较为复杂,从用途、结构、管理需要等各个不同的角度,可以进行不同的分类。

目前,我国的车型统计分类是参考国家标准《汽车和挂车类型的术语和定义》(GB/T 3730.1—2001)和《机动车辆及挂车分类》(GB/T 15089—2001),结合我国汽车工业的发展状况制定的。在大的分类上基本与国际较为通行的表达一致,分为乘用车和商用车两大类(图1-1)。

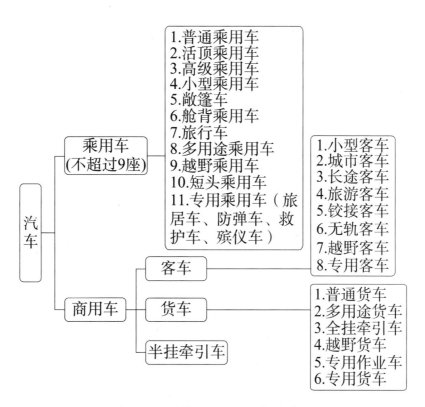

图1-1 目前通用的汽车分类图

(1)乘用车。乘用车是指在其设计和技术特性上主要用于载运乘客及其随身行李或临时物品的汽车,包括驾驶员座位在内最多不超过9个座位。它也可牵引一辆挂车。乘用车细分为基本型乘用车、多功能车(MPV)、运动型多用途车(SUV)和交叉型乘用车四类。上述四类车型又分别按照厢门、排量、变速器的类型和燃料类型进行了细分。

(2)商用车。商用车是指在设计和技术特性上用于运送人员和货物的汽车,并且可以牵引挂车。乘用车不包括在内。商用车包括各类专用货车和专用作业车,如油罐车、洒水车、随车起重运输车、散装水泥车、自卸车、厢式车、冷藏车、高空作业车、环卫车等。

按各管理部门管理规定分类:税务部门消费税按排量分为1.5L(含)以下、1.5~2.0L(含)、2.0~2.5L(含)、2.5~3.0L(含)、3.0~4.0L(含)和4.0L以上六档。交通管理部门在对机动车登记时,按照《机动车登记规定》,将汽车分为载客汽车、载货汽车、三轮汽车、低速汽车。海关部门将汽车共分为八类,即载货汽车、小轿车、特种用途车、机动大中型客车、旅行小客车(9座及以下)、越野车(四轮驱动)等。交通管理部门在收费公路上收取车辆通行费时,以客车座位和货车吨位进行分类收费。

第二节 汽车的识别

一、VIN 码识别技术

1. VIN 码的含义

VIN(Vehicle Identification Number),即车辆识别代号,是车辆制造厂为了识别而给一辆车指定的一组字码。VIN 码是由 17 位字母、数字组成的编码,又称 17 位识别代码。

车辆识别代号经过排列组合,可以使同一车型的车在 30 年之内不会发生重号现象,具有对车辆的唯一识别性,因此也可以将它称为"汽车身份证"。

我国在 1996 年底颁布了相关标准,并于 1997 年开始实行 VIN 码识别技术。在实际操作中,1999 年 1 月 1 日以后被初次登记的车辆必须拥有车辆识别代号。

2. VIN 码的组成

VIN 码由三个部分组成:第一部分,世界制造厂识别代号(WMI);第二部分,车辆说明部分(VDS);第三部分,车辆指示部分(VIS),如图 1-2 所示。

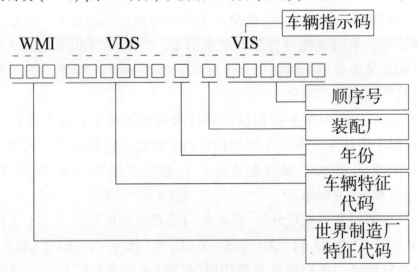

图 1-2　VIN 码组成示意图

下面我们以 VIN 码为 LGBC1AE063R000814 的东风风神蓝鸟汽车为例具体说明。

(1)第一部分。世界制造厂识别代号(WMI)必须经过申请、批准和备案后方能使用。第一位字码是标明一个地理区域的字母或数字,第二位字码是标明一个特定地区内的某个国家的字母或数字,第三位字码是标明某个特定的制造厂的字母或数字。第一、二、三位字码的组合能保证制造厂识别标志的唯一性。如 LGB 代表东风汽车公司。

（2）第二部分。车辆说明部分（VDS）由六位字码组成。如果制造厂不用其中的一位或几位字码,应在该位置填入制造厂选定的字母或数字占位。此部分应能识别车辆的一般特性,其代号顺序由制造厂决定。例中第四到第九位字码的含义分别如下：

①C（第四位）表示品牌系列。C 表示风神"蓝鸟"EQ7200 系列,E 表示 NISSAN SUNNY 2.0 系列。

②1（第五位）表示车身类型。1 表示四门三厢,2 表示四门二厢,3 表示五门二厢,4 表示三门二厢。

③A（第六位）表示发动机特征。A 表示 2.0L,B 表示待定。

④E（第七位）表示约束系统类型。

⑤0（第八位）表示变速器形式。0 表示 AT,2 表示 MT。

⑥6（第九位）为检验位,可由其他 16 位通过一定计算规则算出。

（3）第三部分。车辆指示部分（VIS）,由八位字码组成,其最后四位字码应是数字。例中第十至十七位字码的含义分别如下：

①3（第十位）表示年份,车型年份即厂家规定的型年（Model Year）,不一定是实际生产的年份,但一般与实际生产的年份之差不超过 1 年,3 为 2003 年款。车型年份对应的代码见表 1-1。

车型年份对应的代码　　　　　　　　　　　　　　　　　表 1-1

年份	代码	年份	代码	年份	代码	年份	代码
2001	1	2009	9	2017	H	2025	S
2002	2	2010	A	2018	J	2026	T
2003	3	2011	B	2019	K	2027	V
2004	4	2012	C	2020	L	2028	W
2005	5	2013	D	2021	M	2029	X
2006	6	2014	E	2022	N	2030	Y
2007	7	2015	F	2023	P	2031	1
2008	8	2016	G	2024	R	2032	2

续上表

年份	代码	年份	代码	年份	代码	年份	代码
2033	3	2035	5	2037	7	2039	9
2034	4	2036	6	2038	8	2040	A

②R(第十一位)表示装配厂,R 为风神一厂(襄樊),Y 为风神二厂(花都)。

③000814(最后六位)表示生产序号。一般情况下,汽车召回都是针对某一顺序号范围内的车辆,即某一批次的车辆。

 汽车产品型号编制规则

汽车型号由汉语拼音字母和阿拉伯数字组成,汽车产品型号表明汽车的厂牌、类型和主要特征参数等。汽车型号编制包括如下三部分:

□□　○○○　■■■
首部　　中部　　企业自定义

其中:□——用汉语拼音字母表示;○——用阿拉伯数字表示;■——用汉语拼音字母或阿拉伯数字表示均可。

1. 首部

首部由 2 个或 3 个汉语拼音字母组成,是识别企业名称的代号。例如:ZZ 代表中国重汽;CA 代表第一汽车制造厂;ND 代表北京奔驰;EQ 代表第二汽车制造厂;BJ 代表北京福田;TJ 代表天津汽车制造厂等。

2. 中部

中部由 4 位阿拉伯数字组成。第 1 位数字代表该车的类型(1 为载货汽车;2 为越野汽车;3 为自卸汽车;4 为牵引汽车;5 专用汽车;6 为客车;7 为轿车;9 为半挂车及专用半挂车),见表1-2。

汽车类别代号表　　　　　　　　　　表1-2

车辆类别代号	车辆种类	车辆类别代号	车辆种类
1	载货汽车	5	专用汽车
2	越野汽车	6	客车
3	自卸汽车	7	轿车
4	牵引汽车	9	半挂及专用半挂车

中部的第2、3位代表各类汽车的主要特征参数,其中载货汽车、越野汽车、自卸汽车、牵引汽车、专用汽车均表示汽车的总质量(单位 t);客车表示汽车的总长度(单位 0.1m);轿车表示汽车的排气量(单位 0.1mL);半挂车及专用半挂车表示汽车的总质量(单位 t)。

中部的第 4 位代表产品序号。其中,0 代表第一代产品,1 代表第二代产品。

例如:BJ2020S,其中 BJ 代表北京福田;2 代表越野车;02 代表该车总质量为 2t;0 代表该车为第一代产品;S 为厂家自定义。

又如:TJ7131U,其中 TJ 代表天津汽车制造厂;7 代表轿车;13 代表排气量为 1.3L;1 代表该车为第二代产品;U 为厂家自定义。

必须指出的是,有些车在中部4位数字尾部还有一些字母,这些字母是由生产厂家自定义的。

例如:一汽集团用代号 A 表示有空调客车底盘;E 表示高栏板;J 表示检阅用轿车;D 表示公共汽车底盘;G 表示高动力性能汽车;U 表示客货两用车等。

又如:东风牌 EQ1195GX24D 型载货汽车。其中,EQ 表示第二汽车制造厂;1 表示货车;19 表示总质量 19t;5 表示第六代产品;G 表示平头/曲面玻璃/1.5 排(单排带卧铺);X 表示厢式;24D 表示发动机型号为 6CT(柴油)。

三 汽车标牌、标签和识别号

汽车标牌(图 1-3)、标签或识别号是用标牌、标签和识别号形式,安置、粘贴、打印在汽车相关部位,对汽车出厂时间、汽车基本性能和相关信息的文字或字母的记录。它方便使用者和相关工作人员掌握车辆的各类相关信息。在一辆汽车中,可以看到各种不同的标牌、标签和识别号。下面仅举几例。

如图 1-4 所示,别克全车数据不干胶标签贴在《维护手册》中及行李舱备胎坑等位置。

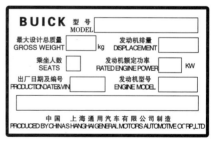

图 1-3 上海通用别克汽车标牌

其中,1 为车辆识别代号;2 为车型代码/生产控制号;3 为车型说明;4 为发动机功率/排放标准/变速器;5 为发动机和变速器代码;6 为油漆号、内部装备识别号;7 为选装件代码;8 为空载质量/油耗。

如图 1-5 所示,上海通用所有变速器外金属壳底部均附有一个金属识别铭牌。其中,1 为上海通用汽车生产代号;2 为车型号;3 为型号 FM3.0;4 为

4T65E;5 为 9(SGM);6 为系列号;7 为公历日期。

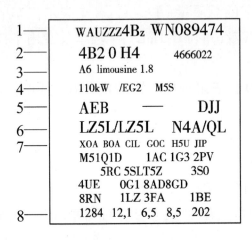

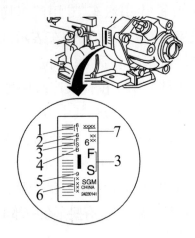

图 1-4　进口别克全车数据不干胶标签　　图 1-5　上海通用自动变速器铭牌

了解轮胎标识及其含义有助于我们选择正确的轮胎型号。子午线轮胎在其侧面上有相应的标识(图 1-6)。其中,195 表示轮胎的宽度(mm);70 表示轮胎的高度比(%);R 表示子午线轮胎的标记(Radial);15 表示轮毂的直径(in);97 是承载能力的标记;S 是速度标记;reinforced 表示加强型轮胎。

195/70R　15 97　S　reinforced

图 1-6　大众波罗轿车轮胎标识

第三节　汽车的形式

汽车的形式是指汽车的轴数、驱动形式、发动机布置形式、传动系统类型和驾驶室的类型等。汽车形式的选择直接影响汽车的生产成本、外形尺寸、质量和使用性能。

一、汽车的轴数

汽车一般有两轴、三轴、四轴甚至更多的轴数。汽车的总质量、道路交通法规对轴载质量的限制、轮胎的负荷能力和汽车的使用条件直接影响汽车轴数的选取。

两轴汽车结构简单、制造成本低,因此,一般总质量小于 19t 的公路运输车辆广泛采用两轴形式。轿车总质量较小,都采用两轴形式。但总质量在19~26t的公路运输车一般需要采用三轴形式,总质量更大的汽车则要采用四轴或四轴以上的形式。

 汽车的驱动形式

汽车的驱动形式有4×2、4×4、6×2、6×4、6×6、8×4、8×8等,其中前一位数字表示汽车车轮总数,后一位数字表示驱动轮数。采用4×2驱动形式的汽车自重较轻、结构简单、制造成本低,多用于轿车和总质量较小的公路车辆。

总质量在19~26t的公路车辆,一般采用6×2或6×4的驱动形式。总质量为28~32t的公路车辆一般采用8×4的驱动形式。

越野汽车非常强调它的通过性,机动性要求很高,一般采用全轮驱动形式,按照它的装载量大小,分别采用4×4、6×6、8×8等全轮驱动形式。

 汽车的布置形式

汽车的布置形式对使用性能也有重要影响。汽车的布置形式是指发动机、驱动轴和车身的相互关系和布置特点。不同的汽车用途不同,其布置形式也有所不同。与此同时,这些车辆的特点也因此不同。

1. 轿车的布置形式

轿车的布置形式主要有发动机前置前轮驱动、发动机前置后轮驱动、发动机后置后轮驱动三种。

(1)发动机前置前轮驱动(FF)。发动机前置前轮驱动这种布置形式目前在中级及其以下级别轿车上应用较多。

发动机前置前轮驱动的主要优点是:省去传动轴,车内地板凸包高度降低,有利于提高乘坐舒适性;越过障碍的能力高;动力总成结构紧凑;汽车的轴距缩短,有利于提高汽车的机动性;汽车散热器散热条件好,发动机能得到足够的冷却;行李舱有足够大的空间;供暖效率高;操纵机构简单,能缩短汽车的总长,生产汽车消耗的材料明显减少,使整车质量减轻。

然而,发动机前置前轮驱动轿车也存在不足,主要问题是:前轮驱动并转向需要采用等速万向节,导致其结构和制造工艺复杂;前桥负荷较后轴重,且前轮又是转向轮,前轮工作条件恶劣,轮胎寿命短;上坡时因驱动轮附着力减小,汽车爬坡能力降低;一旦发生正面碰撞事故,发动机及其附件损失较大,维修费用高。

(2) 发动机前置后轮驱动(FR)。发动机前置后轮驱动轿车因客厢较长,乘坐空间宽敞,行驶平稳,故在中高级和高级轿车上得到广泛应用。

发动机前置后轮驱动轿车的主要优点是:轴荷分配合理,有利于提高轮胎的使用寿命;前轮不驱动,不需要采用等速万向节,有利于减少制造成本;操纵机构简单;采暖机构简单,且管路短、供暖效率高;发动机冷却条件好;上坡时驱动轮附着力大,爬坡能力强;有足够大的行李舱空间;变速器与主减速器分开,便于拆装和维修。

发动机前置后轮驱动轿车也有缺点,主要是:车身地板下装有传动轴,不可避免地使地板凸起,并使后座坐垫厚度减薄,影响乘坐舒适性;一旦汽车与其他物体发生正面碰撞,容易导致发动机进入客厢,使前排乘员受到严重伤害;汽车的总长较长,整车整备质量增大,影响汽车的燃油经济性和动力性。

(3) 发动机后置后轮驱动(RR)。发动机后置后轮驱动轿车的主要优点是:结构紧凑;汽车前部高度降低,改善驾驶员视野;整车整备质量小;没有传动轴,排气管不必从前部向后延伸,客厢内地板比较平整,乘客座椅能够布置在舒适区内,且乘员的出入方便;在坡道上行驶时,驱动轮上附着力增加,爬坡能力好;发动机布置在轴距外时,汽车轴距短,车辆机动性能好。

但是,发动机后置后轮驱动轿车缺点突出,包括:后桥负荷重,使汽车具有过多转向的倾向;前轮附着力小,高速行驶时转向不稳定;行李舱在前部空间太小;操纵机构复杂。因为发动机后置后轮驱动轿车严重影响汽车的主要性能,所以目前大多数轿车已经不再采用发动机后置后轮驱动的布置形式。

2. 客车的布置形式

由于城市交通和高速公路的快速发展和我国公民生活方式的改变,客车已经成为我国交通结构中十分重要的组成部分。客车的布置形式可以分为:发动机前置前轮驱动、发动机前置后轮驱动、发动机后置后轮驱动和发动机中置后轮驱动。

(1) 发动机前置前轮驱动。这种布置形式(图1-7)的主要优点是:发动机、离合器、变速器等都在车身前部,不需要长距离的操纵机构,操纵方便;乘客区宽敞,较为舒适;车身平整,地板降低,乘客上下车辆十分方便;由于没有传动轴和后桥主减速器的干扰,乘客区噪声较低,比较安静。但是这种布置形式主要缺点是:离合器、变速器和主减速机构等全部集中在车身前部,且转向等机构都聚集在一起,结构复杂,布置困难,加上转向驱动桥的产量较低,价格居高不下,为此这种布置形式的客车除机场摆渡车等特种客车外,目前已经很少采用。

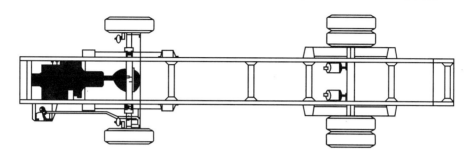

图1-7　发动机前置前轮驱动图

(2)发动机前置后轮驱动。早期的客车大多沿用货车的前置发动机后轮驱动形式,而且使用货车底盘改装。这种布置形式(图1-8)的主要优点是:与货车通用部件多,便于改装生产;便于发动机冷却;动力和操纵机构也相对简单。但是,车身前部空间利用率较低、车内的噪声较大、隔热隔振比较困难;转向沉重、传动效率低、易引发共振;乘客上下车不方便,空调部件的布置也比较困难。由于发动机前置后轮驱动布置形式缺点相对较多,现在应用越来越少,一般只在一些小型客车和较低档次的客车上采用。

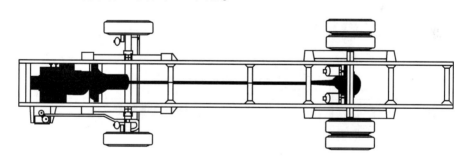

图1-8　发动机前置后轮驱动图

(3)发动机后置后轮驱动。它包括发动机后纵置后轮驱动和发动机后横置后轮驱动(图1-9、图1-10),是目前较为常见的一种客车布置形式,现代长途运输、大型旅游客车以及大型公交客车大都采用这种布置形式。发动机后置后轮驱动布置形式的主要优点是:车厢的噪声和振动较小,乘坐舒适;轴荷分配合理,维修方便;行李舱空间较大,乘客上下车方便,并可布置较为宽敞的乘客门。发动机后置后轮驱动布置形式也有缺点,主要是:整车的变速操纵和动力操纵距离较长,布置较复杂;整车的气、油路管线布置较长;驾驶员不易及时发现发动机故障;由于车辆后部空间在行驶过程中形成的负压和涡流,不利于发动机散热。

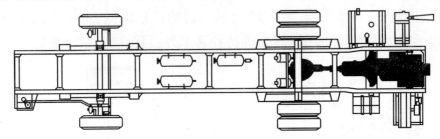

图1-9 发动机后纵置后轮驱动图

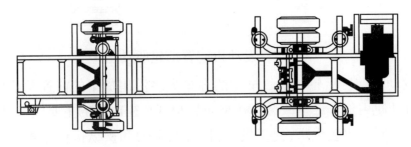

图1-10 发动机后横置后轮驱动图

(4)发动机中置后轮驱动。该布置形式的发动机位于前后轴之间,包括中置和中侧置后轮驱动两种形式(图1-11、图1-12)。现代客车已较少采用这种方案。

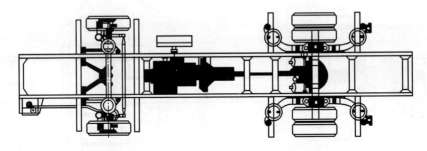

图1-11 发动机中置后轮驱动图

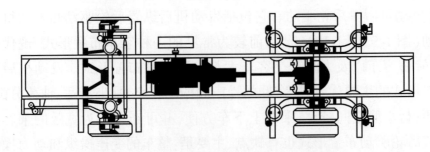

图1-12 发动机中侧置后轮驱动图

这种布置形式的主要优点有：车厢的空间利用率较高，座位布置和外形受发动机的限制较小；车内噪声较小，传动轴较短。

这种布置形式的主要缺点有：发动机的尺寸受到限制，需要特殊设计；发动机的冷却、保温、防尘和隔热性以及发动机维修的接近性和方便性较差；发动机的可靠性要求比较高。

3. 货车的布置形式

按照驾驶室与发动机相对位置的不同，货车的布置形式主要分为平头式、短头式、长头式和偏置式。

(1) 平头式货车布置形式。平头式货车布置形式（图1-13）将驾驶室布置在发动机上方，缩短了货车的总长度和轴距。有些平头式货车采用发动机中置的方式。平头式货车布置形式在各种级别的货车上得到广泛应用。平头式货车布置形式的汽车整备质量小，机动性能良好，驾驶员视野好。特别是采用倾翻式驾驶室的平头式货车能够改善发动机及其附件的接近性，面积利用率高，便于维修。因此，目前大多中型以上货车都采用可倾翻式驾驶室。平头式货车布置形式也有一定的缺点，主要是：操纵机构复杂，驾驶室拥挤、闷热，一旦汽车与其他物体发生正面碰撞，容易使驾驶员和前排乘员受到严重伤害。

(2) 短头式货车布置形式。短头式货车布置形式（图1-14）的目的是在不增加汽车总长度的情况下，增大货厢面积，缩短轴距。采用短头式货车布置形式的汽车总长和轴距得到缩短，最小转弯半径小，车辆的机动性能好于长头式货车，驾驶员视野虽然不如平头式货车好，但与长头式货车相比还是有所改善。采用短头式货车布置形式的汽车，动力总成操纵机构简单，发动机噪声、热量、振动对驾驶员的影响有所改善，但不如平头式货车。但是，采用短头式货车布置形式的汽车驾驶室空间拥挤，发动机维修相当不便。因而目前采用这类布置形式的货车不多。

图1-13　平头式货车　　　　图1-14　短头式货车

(3) 长头式货车布置形式。长头式货车布置形式（图1-15）的特点是发动机布置在车身前部,驾驶室安排在发动机之后。长头式货车布置形式的好处在于:发动机及其附件接近性好,便于检修;前轴负荷较轻,在不良路面上行驶时,车辆的通过能力强;操纵机构比较简单,易于布置,发动机的工作噪声、气味、热量、振动对驾驶员影响很小;汽车与其他物体发生正面碰撞时,驾驶员和前排乘员受到的伤害程度较低。另外,长头式货车地板低,驾驶员上下车较为方便。然而,长头式货车的不足是视野性差;整备质量大;轴距和汽车总长度较大,最小转弯半径加大;机动性能不好;面积利用率也比较低。目前采用这种布置形式的主要是使用条件差的大、中型货车,而一般轻型货车很少采用这种布置形式。

(4)偏置式货车布置形式。偏置式货车的驾驶室位于发动机旁,具有平头式货车的一些优点,如轴距短、视野良好,加之驾驶室通风条件好,维修发动机方便,故主要用于重型矿用自卸车(图1-16)。

图1-15　长头式货车

图1-16　重型矿用自卸车

第四节　汽车技术参数和性能指标

汽车的技术参数主要包括尺寸参数和质量参数。汽车的性能指标主要包括汽车的动力性、燃油经济性、最小转弯直径、通过性、操纵稳定性、制动性和舒适性等基本指标。

(一)　汽车主要尺寸参数

1. 外廓尺寸

汽车的外廓尺寸是指汽车的长、宽、高。汽车的外廓尺寸根据汽车的用途、道路条件、吨位(或载客数)、外形设计、公路限制和结构布置等众多因素确定。在汽车总体设计中,一般力求减少汽车的外廓尺寸,以减轻汽车的自重,提高汽车的动力性、经济性和机动性。

为了使汽车的外廓尺寸适合本国的公路桥梁、涵洞和铁路运输标准,保证行驶的安全性,每个国家对公路运输车辆的外廓尺寸均有法规限制。我国对公路车辆极限尺寸的规定是:汽车总高≤4m;总宽(不含后视镜)≤2.5m;货车(含越野车)总长≤12m;一般客车总长≤12m;铰接大客车总长≤18m;半挂牵引车(含挂车)总长≤16m;汽车拖挂后总长≤20m。

2. 轴距

轴距(L)是汽车轴与轴之间距离的参数,通过汽车前后车轮中心来测量。轴距的长短直接影响汽车的长度、质量和使用性能,还对轴荷分配、传动轴夹角有影响。轴距短的汽车长度相对就短,自重相对就轻,最小转弯直径和纵向通过角就小。但轴距过短,也会带来由于车厢长度不足或后悬过长,使汽车行驶时纵摆和横摆较大,以及在制动或上坡时质量转移较大,使汽车的操纵性和稳定性变坏等问题。

3. 轮距

轮距(B)是同一轴上车轮接地点中心之间的距离。如果是双胎汽车,则是指两双胎接地点连线中点之间的距离。轮距对汽车的总宽、总重、横向稳定性和机动性影响较大。改变汽车轮距会导致车厢或驾驶室内宽、汽车总宽、总质量、侧倾刚度、最小转弯直径等一系列指标发生变化。轮距越大,横向稳定性越好,对增加轿车车厢内宽也有利。但轮距过宽,汽车的总宽和总质量会相应加大,容易产生向车身侧面甩泥的缺点,还会影响汽车的安全性。因此,轮距应与车身宽度相适应。

4. 前悬和后悬

前悬(LF)是指汽车最前端至前轴中心之间的水平距离。前悬尺寸对汽车通过性、碰撞安全性、驾驶员视野、前钢板弹簧长度、上下车方便性、汽车造型等均有影响。前悬的长度应足以固定和安装驾驶室前支点、发动机、散热器、转向器、弹簧前托架和保险杠等零部件。前悬过长会使汽车的接近角过小。

后悬(LR)是指汽车最后端至后桥中心之间的水平距离,后悬尺寸对汽车通过性、汽车追尾时的安全性、货厢长度或行李舱长度、汽车造型等均有影响。后悬的长度主要决定于货厢长度、轴距和轴荷分配情况,同时要保证适当的离去角。

5. 转弯半径

汽车转弯半径(R)是指汽车转弯时，由转向中心到外侧转向轮与地面支撑平面中心点的距离。转弯半径越小，汽车的机动性能越好，汽车转弯时所需要的场地面积也越小。一般来讲，汽车转向轮左、右的极限转角不相等，所以汽车向左或向右的最小转弯半径不相等。

二、汽车主要质量参数

1. 汽车的整备质量

汽车的整备质量是指汽车按出厂技术条件装备完整（如备胎、工具等安装齐备），各种油、液等添满后的质量。

2. 汽车总质量

汽车总质量是指汽车装备齐全，并按规定装满客（包括驾驶员）、货时的质量。

$$轿车的总质量 = 整备质量 + 驾驶员及乘员质量 + 行李质量$$

$$客车的总质量 = 整备质量 + 驾驶员及乘员质量 + 行李质量 + 附件质量$$

$$货车的总质量 = 整备质量 + 驾驶员及助手质量 + 行李质量$$

3. 汽车的载质量（载客量）

汽车的载质量是汽车的总质量与汽车整备质量之差。它表示汽车可以载人、载物的总质量，也就是汽车的有效装载能力。汽车的载质量关系到汽车的运输效率、运输成本、使用方便性、产品系列化和生产装备等诸多方面。

4. 汽车自重利用系数

汽车自重利用系数特别对载货汽车是一个重要的评价指标，它是指汽车载质量与汽车干重之比。所谓汽车干重就是指汽车无冷却液、燃油、机油、备胎及工具和附件时的空车质量。载质量相同的情况下，干重越小，汽车的自重利用系数也越高，其运输效率也越高。

5. 汽车的轴荷分配

汽车的轴荷分配是指汽车的质量在前轴、后轴上所占的比例。一般依据轮胎均匀磨损、汽车主要性能的需要以及汽车的布置形式来确定轴荷分配。为了使轮胎均匀磨损,一般希望满载时每个轮胎的负荷大致相等,事实上只能近似满足要求。

汽车性能参数

1. 汽车的动力性

汽车的动力性主要由三个指标来衡量,即最高车速、爬坡能力、加速性能。最高车速是指车辆满载时,在良好的水平路面上所能达到的最高行驶速度。爬坡能力是指车辆在满载无拖挂,并在良好路面条件下,车辆节气门全开,以最低挡前进所能爬行的最大坡度。加速性能是指汽车速度在单位时间内的增加能力,一是指汽车由静止状态加速到一定速度的能力;二是指汽车在一定挡位由匀速状态加速至最快速度的能力。汽车生产厂商通常会提供0~100km/h的加速时间测试数据作为汽车加速性能的权威数据。

2. 汽车的燃料经济性

汽车的燃料经济性是指汽车在保证动力性的条件下,汽车以尽量少的燃油消耗量经济行驶的能力。汽车的燃油消耗量越小,则它的燃料经济性越好。汽车燃料经济性的评价指标一般可以从单位行驶里程的燃油消耗量、单位运输工作量的燃油消耗量和消耗单位燃油所行驶的里程三个方面加以考察。耗油量是汽车经济性的重要指标,厂家公布的耗油量参数是指汽车行驶百公里消耗的燃油量(以 L 为计量单位)。在我国,这些指标是汽车制造厂根据国家规定的试验标准,通过样车测试得出来的。它包括等速百公里油耗和循环油耗,并不是消费者在实际使用情况下的油耗。

为了使消费者更加便利地了解所购车型的实际油耗,工业和信息化部规定从2010年1月1日起,汽车企业必须在车辆出厂前即在车身上粘贴实际油耗标识(图1-17),说明国产车和进口车在市区、市郊、综合三种工况下的实际油耗数据。消费者将对所购买车辆的油耗情况一目了然。在购车后,消费者可自行撕下该标识。如果汽车实际油耗高于标识上的油耗,汽车企业将面临处罚。

3. 汽车的制动性

汽车制动是指人为地增加汽车行驶阻力,消耗汽车本身的动能,强制性地降低汽车速度实现停车。汽车的制动性不仅是指汽车强制减速至停车的能力,而且是指制动时不跑偏的能力。只有当汽车具有良好的制动性能时,才能在保证安全的条件下提高汽车速度,充分发挥汽车的动力性能,提高汽车平均技术速度,获得较高的运输生产率。

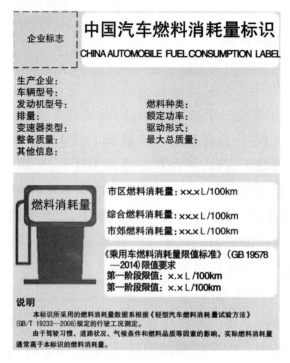

图1-17　汽车燃油消耗量标识

4. 汽车的操纵稳定性

汽车的操纵稳定性是指驾驶员在常态情况下,汽车抵抗各种外界干扰,并保持稳定行驶的能力。汽车的操纵稳定性包括操纵性和稳定性两部分。操纵性是指汽车能够确切响应驾驶员转向指令的能力;稳定性是指汽车在行驶中能抵抗外界干扰并保持稳定行驶的能力。

5. 汽车的行驶平顺性

汽车的行驶平顺性是指汽车正常行驶时,能保证乘坐者不致因车身振动而引起不舒适和疲乏感觉以及保持运载物完整无损的性能。汽车的行驶平顺性不仅影响驾驶员与乘员的疲劳强度和舒适性、货物的安全可靠运输,而且还影响到汽车的使用性能。

6. 汽车的通过性

汽车的通过性也称汽车的越野性,是指汽车在一定装载质量下能以足够高的平均车速通过各种复杂路面、无路地带和各种障碍的能力。

7. 汽车的噪声与排放

汽车噪声干扰环境并影响人们的身心健康,国家对此有严格标准。《机动车运行安全技术条件》(GB 7258—2017)提出:汽车驾驶员耳旁噪声声级应不超过 90dB(A)。

燃油不完全燃烧和燃烧反应中会产生一定量的有害气体。汽油机的主要排放物为一氧化碳(CO)、碳氢化合物(HC)、氮氧化合物(NO_x)、铅化合物(燃用含铅汽油);柴油机则以炭烟、油雾、二氧化硫(SO_2)、臭气(甲醛、丙烯醛)为主。这些排放物大部分具有毒性,或有强烈的刺激性臭味,有的还有致癌作用,污染环境,有害于人类健康。为此,《机动车运行安全技术条件》(GB 7258—2017)提出"对机动车排气污染物排放应符合国家环保标准的规定",以控制汽车有害物质的排放。

（四）新能源汽车概述

1. 新能源汽车的概念

新能源汽车是指采用非常规的车用燃料作为动力来源(或使用常规车用燃料、采用新型车载动力装置),综合车辆动力控制和驱动方面的先进技术,形成的技术原理先进、具有新技术新结构的汽车。其中,非常规的车用燃料不包括汽油、柴油、天然气、液化石油气、乙醇汽油、甲醇、二甲醚。

2. 新能源汽车的基本特征

新能源汽车的主要特征包括:能节省燃油(纯电动汽车不用燃油,混合动力汽车优化内燃机工况节省燃油);具有良好的动力输出性能(电动机加电后反应快,低速输出转矩大);实现自动停机与自动起动控制性能(采用自动起停系统);能量利用率高(传统燃油汽车能量有效利用率在35%左右,新能源汽车能量有效利用率超过50%)。

3. 新能源汽车性能评价参数

新能源汽车的性能评价参数主要包括续驶里程、驱动功率、充电时间和百公里耗电量等几个方面。

4. 电动汽车的分类

电动汽车是以车载电源为动力,用电动机驱动车轮的车辆,主要分为如下几类：

(1) 纯电动汽车(BEV)。

纯电动汽车是指驱动能量完全由电能提供的、由电机驱动的汽车。纯电动汽车一般采用高效率充电电池或燃料电池为动力源，无须再用内燃机。纯电动汽车由电池提供能源供给，电机驱动车辆，代表车型如特斯拉等。

(2) 混合动力电动汽车(HEV)。

混合动力汽车是指能够从可消耗的燃料或可再充电能/能量储存装置这两类车载储存的能量中获得动力的汽车。代表车型如比亚迪-秦、雅阁-锐、别克微蓝5等。

(3) 燃料电池电动汽车(FCEV)。

燃料电池电动汽车是以燃料电池系统作为单一动力源或者是以燃料电池系统与可充电储能系统作为混合动力源的电动汽车。代表车型如丰田Mirai等。

5. 各类电动汽车的特点

(1) 纯电动汽车的特点。

由于电力可以从多种一次能源获得，如煤、核能、水力等，纯电动汽车能广泛利用各种能源，解除人们对石油资源日见枯竭的担心。

纯电动汽车的能源利用率高，可以达到20%，大大高于传统汽车的15%左右，有利于节约能源和减少二氧化碳的排放。

纯电动汽车的环保性好，因为其本身不排放污染大气的有害气体，即使按所耗电量换算为发电厂的排放(除硫和微粒外)，其他污染物也显著减少。

纯电动汽车的结构简单，维修方便。由于其结构比传统汽车简单，运动部件减少，减少了日常维修量，驾驶操作也比较方便。

纯电动汽车行驶性能好，电动机输出特性能更好地适应道路阻力变化的需要，行驶稳定性和动力性都比较好。

纯电动汽车还可以充分利用晚间用电低谷时富余的电力充电，使发电设备日夜都能充分利用，大大提高其经济效益。

但目前纯电动汽车也存在一定的问题，主要表现在续驶时间短、充电时间长、价格贵，发电与废旧电池处理也会产生的一定的环保问题。

(2) 混合动力电动汽车的特点。

混合动力电动汽车可回收制动能量，当驾驶员踩制动踏板时，混合动力电动汽车能回收大部分能量，并将其暂时储存起来供加速时再用。

当驾驶员想要有最大的加速度时,汽油发动机和电动机并联工作,可以提供与强大的汽油发动机相当的起步性能。

在对加速性要求不太高的场合,混合动力电动汽车可以单独依靠电动机行驶,或者单独依靠汽油发动机行驶,或者将二者结合以取得最大的效率。例如在公路上巡航时使用汽油发动机,而在低速行驶时,可以单独依靠电动机拖动,而不用汽油发动机辅助。

混合动力电动汽车即使在发动机关闭时,其电动转向助力系统仍可保持操纵功能,提供比传统液压系统更大的效率。

(3)燃料电池电动汽车的特点。

燃料电池电动汽车的优点是:

①由于燃料电池电动汽车实现了零排放或近似零排放,降低了机油泄漏带来的水污染,减少了温室气体的排放,可以实现零污染。

②由于氢能源取之不尽、用之不竭,电池能量利用率可以达到50%以上,因此可以大量节约能源,提高了车辆的经济性。

③燃料电池电动汽车有着良好的输出特征,使汽车运行平稳、无噪声,有良好的操纵性,因此使用性能较好。

燃料电池电动汽车的主要问题是制造成本高,因而价格比较贵。

6. 新能源汽车的应用

新能源汽车的应用领域主要包括私用和商用,其中商用领域应用比较广泛,并随着产业的发展不断扩大。商用领域的应用主要包括出租、公交、物流、传统租赁、港口、机场、码头、环卫等。

思考与练习

1. 简述我国新的车型统计分类。
2. 什么是VIN码?如何解读VIN码?
3. 解读一辆汽车的VIN码。
4. 轿车的布置形式主要有哪几种?举例说明。
5. 阅读一辆家用轿车的技术参数资料,并具体说明其中汽车性能参数的含义。
6. 简述新能源汽车的类型、特征和主要应用领域。

第二章

汽车的使用寿命与报废标准

学习目标

通过本章的学习,你应能:
1. 叙述汽车损耗的原因;
2. 正确完成汽车经济使用寿命的估算;
3. 知道各类机动车的使用寿命和报废标准。

第一节 汽车的损耗

 汽车的损耗

汽车在使用或闲置过程中,由于磨损、疲劳、腐蚀、老化以及政策变化、技术进步等多种原因,会发生各种损耗而降低价值,这是一种规律。汽车的损耗有两种形式,即有形损耗和无形损耗。

1. 汽车的有形损耗

汽车的有形损耗是指汽车本身实物形态上的损耗,又称物质损耗。它是汽车使用过程中,由于物理和化学原因而导致的实体性损耗。它包括汽车在使用过程中,由于零部件发生摩擦、冲击、振动、腐蚀、疲劳和老化等现象产生的损耗,以及汽车在存放过程中受到腐蚀、日照,或由于管理不善和缺乏必要的养护而使其丧失精度和工作能力导致的损耗。

2. 汽车的无形损耗

汽车的无形损耗是指由于科学技术的进步和发展、国家政策、市场变化等原因而导致的车辆损耗和贬值,包括技术进步、劳动生产率的提高,致使汽车的生产成本下降,导致现有车辆的价值贬值,以及由于科学技术进步,新出现的车辆更加先进,而导致原有的车辆在技术上相对陈旧和落后而产生的贬值。

 汽车使用寿命的定义及分类

1. 汽车使用寿命的定义

汽车使用寿命是指汽车从开始使用到最终报废的整个时期。

2. 汽车使用寿命的分类

(1)自然使用寿命。汽车的自然使用寿命是指,汽车在正常使用条件下,从投入使用到报废的时间,通常受有形损耗的影响。汽车的自然使用寿命与汽车本身的设计制造、零部件质量,以及使用、维护的水平有关。

(2)技术使用寿命。汽车的技术使用寿命是指,汽车从投入使用到因为技术落后而被淘汰所经历的时间,主要受无形损耗的影响。

(3)经济使用寿命。汽车的经济使用寿命是指,汽车从投入使用到因各种损耗导致汽车性能下降和使用成本更高而退出使用所经历的时间,通常受有形损耗和无形损耗的共同影响。

(4)合理使用寿命。汽车的合理使用寿命是指,以汽车经济使用寿命为基础,在考虑整个国民经济发展和能源节约的实际情况后,制定出符合我国实际情况的使用期限。这是一种兼顾汽车本身的使用寿命和社会利益的新观点。

第二节 汽车经济使用寿命的量标与估算

 汽车经济使用寿命的量标

汽车能够继续使用或需及时更新应以经济使用寿命为依据。

1. 规定使用年限

汽车的规定使用年限是指汽车从投入使用到报废的年数,其中包括运行时间和闲置时间。为了保证道路交通安全以及保护汽车使用环境,国家对汽车的使用年限通过法规形式作出规定。

2. 行驶里程

汽车的行驶里程是指汽车从投入使用到报废期间累计的行驶里程数。汽车行驶里程能够比较客观地反映汽车的使用强度，但无法反映使用条件、闲置时的自然损耗，以及使用和维修的水平。

3. 使用年限

汽车的使用年限是指国家法规规定的各类汽车的使用年限。汽车总行驶里程数除以年平均行驶里程数所得的年限数称为折算年限。

4. 大修次数

汽车的大修是指，汽车在使用过程中，由于动力性和经济性指标下降，而用小修无法恢复其正常技术状态情况下必须进行的修理。我国对汽车大修有着严格的报修标准，未达到大修标准的汽车不能随意大修，而达到大修标准的汽车，必须进行大修。

汽车经济使用寿命的估算

1. 最小平均年限法

最小平均年限法是指汽车从开始使用到其年平均费用最小的年限。汽车在这段时间中的使用费用最小，因而是最佳的更新年限。因为超过最小平均年限，汽车的年使用成本会逐渐增加。

2. 低劣化数值法

低劣化数值法的目标是保证设备一次性投资和各年经营费用总和最小。低劣化数值法认为，汽车的经济寿命关键要看汽车在使用过程中获得总收益的大小，汽车的经济寿命应当以汽车使用过程中获得最大收益的这段时间来确定。为此，必须了解汽车的低劣化程度，从而在汽车使用早期就预测其最佳更新期。

影响汽车经济使用寿命的因素

1. 汽车有形损耗的使用成本

影响汽车经济使用寿命的因素很多，首先是汽车的损耗，这在本章第一节已经有所表述。这里仅对与有形损耗相关的汽车使用成本作出分析。

(1)汽车使用成本的构成。汽车的使用成本主要包括燃料费用、维护小修费用、大修费用、折旧费用、轮胎费用、驾驶员工资、管理费用、各种规费和其他费用。

(2)汽车使用成本的计算。汽车损耗的计算公式是：
$$C = C_1 + C_2 + C_3 + C_4 + C_5 + C_6 + C_7 + C_8 + C_9$$
式中：C——汽车损耗；

C_1——燃料费用；

C_2——维护小修费用；

C_3——大修费用；

C_4——折旧费用；

C_5——轮胎费用；

C_6——驾驶员工资；

C_7——管理费用；

C_8——各种规费；

C_9——其他费用。

2. 汽车的大修费用

(1)汽车大修是无奈之举。在重视汽车维护、及时更新旧车的情况下，一般汽车很少需要大修。但由于我国进入汽车时代时间不长，消费者使用汽车的正确习惯尚未形成，重修轻养，而且总体上还把汽车作为奢侈品，不太舍得更新，因此，一辆汽车使用的周期很长，结果难免需要汽车大修，这在经济没有发展到更高水平的情况下，在所难免。

(2)汽车大修的规定。我国对汽车大修的条件有着严格规定，只有达到大修标准的汽车才必须大修。例如客车大修的送修标准以车厢为主，结合发动机符合大修的条件；货车的送修标准以发动机为主，结合车架或两个总成符合大修的条件。另外发动机和总成需要大修都有具体标准。一般来讲，车辆第一次大修的费用在车价的1/10左右，以后大修频率和修理成本会继续增加。

3. 汽车的使用强度

汽车的经济使用寿命与汽车的使用强度密切相关，而汽车的使用强度又与车的使用性质有关。一般来讲，家庭使用的车辆和公务车辆使用强度较低，汽车的经济使用寿命相对较长。而出租运营车辆以及专门从事运输的车辆,使用强度较大,因而经济使用寿命相对较短。

4. 汽车的使用条件

汽车的经济使用寿命还与汽车的使用条件有关,特别是与公路等级和路面情况有关。我国公路分为高速公路、一级公路、二级公路、三级公路及四级公路五个技术等级。公路条件相对优越,对汽车的损耗相对较小。

5. 国家政策的引导

我国进入汽车大国行列的同时,能源消耗、环境保护成为我国必须高度重视的问题。为了确保汽车与社会、环境的和谐,国家推出了一系列节能减排的相关政策,这些政策有益于我国经济的可持续发展,同时有益于汽车产业的健康发展。

第三节 机动车强制报废标准规定

为保障道路交通和人民群众生命财产安全,鼓励技术进步,加快建设资源节约型、环境友好型社会,促进汽车消费,发展我国的汽车工业,我国不但颁布了《汽车报废标准》,而且经过多次修改。2012 年 8 月 24 日,商务部第 68 次部务会议审议通过,并经国家发展改革委、公安部、环境保护部同意,发布《机动车强制报废标准规定》,自 2013 年 5 月 1 日起施行。

一、机动车强制报废的标准

(1)各类机动车达到其规定使用年限的;
(2)经修理和调整仍不符合机动车安全技术国家标准对在用车有关要求的;
(3)经修理和调整或者采用控制技术后,向大气排放污染物或者噪声仍不符合国家标准对在用车有关要求的;
(4)在检验有效期届满后连续 3 个机动车检验周期内未取得机动车检验合格标志的。

二 各类机动车使用年限

各类机动车的使用年限分别如下：

（1）小、微型出租客运汽车使用8年，中型出租客运汽车使用10年，大型出租客运汽车使用12年；

（2）租赁载客汽车使用15年；

（3）小型教练载客汽车使用10年，中型教练载客汽车使用12年，大型教练载客汽车使用15年；

（4）公交客运汽车使用13年；

（5）其他小、微型营运载客汽车使用10年，大、中型营运载客汽车使用15年；

（6）专用校车使用15年；

（7）大、中型非营运载客汽车（大型轿车除外）使用20年；

（8）三轮汽车、装用单缸发动机的低速货车使用9年，其他载货汽车（包括半挂牵引车和全挂牵引车）使用15年；

（9）有载货功能的专项作业车使用15年，无载货功能的专项作业车使用30年；

（10）全挂车、危险品运输半挂车使用10年，集装箱半挂车20年，其他半挂车使用15年；

（11）正三轮摩托车使用12年，其他摩托车使用13年。

小、微型非营运载客汽车、大型非营运轿车、轮式专用机械车无使用年限限制。

三 各类机动车报废里程

国家对达到一定行驶里程的机动车引导报废。

（1）小、微型出租客运汽车行驶60万km，中型出租客运汽车行驶50万km，大型出租客运汽车行驶60万km；

（2）租赁载客汽车行驶60万km；

（3）小型和中型教练载客汽车行驶50万km，大型教练载客汽车行驶60

万 km；

（4）公交客运汽车行驶 40 万 km；

（5）其他小、微型营运载客汽车行驶 60 万 km，中型营运载客汽车行驶 50 万 km，大型营运载客汽车行驶 80 万 km；

（6）专用校车行驶 40 万 km；

（7）小、微型非营运载客汽车和大型非营运轿车行驶 60 万 km，中型非营运载客汽车行驶 50 万 km，大型非营运载客汽车行驶 60 万 km；

（8）微型载货汽车行驶 50 万 km，中、轻型载货汽车行驶 60 万 km，重型载货汽车（包括半挂牵引车和全挂牵引车）行驶 70 万 km，危险品运输载货汽车行驶 40 万 km，装用多缸发动机的低速货车行驶 30 万 km；

（9）专项作业车、轮式专用机械车行驶 50 万 km；

（10）正三轮摩托车行驶 10 万 km，其他摩托车行驶 12 万 km。

思考与练习

1. 简述汽车损耗的原因。
2. 简述汽车使用寿命的定义及其分类。
3. 怎样进行汽车经济使用寿命的估算？
4. 简述机动车报废的标准。

第三章

二手车概述

> 学习目标
>
> 通过本章的学习,你应能:
> 1. 叙述二手车市场的形成与发展;
> 2. 知道二手车交易的特征和基本流程;
> 3. 分析促进二手车市场发展的新政策;
> 4. 正确完成二手车交易的办证手续。

第一节 二手车市场的形成与发展

一 机动车、旧车、二手车

1. 机动车

机动车是指由金属及其他材料制成,并由若干零部件装配起来的机械结构,在一定的动力驱动或牵引下行驶,并可完成某些专项工作的车辆。机动车的本质特点是具有轮式或履带式行驶系统,以及动力装置。

2. 旧车

旧车是指公安机关已经正式上牌以后,使用一次以上的车辆。

3. 二手车

二手车是指已经在公安交通管理机关登记注册,在达到报废标准之前或在经济寿命期内仍可继续使用,进入市场贸易的机动车辆。

二 二手车及二手车市场的产生

消费者消费观念的不断变化,车主收支的失衡,企业、政府部门或个人的产权变动,消费者需求旺盛等客观因素,以及销售商为促进新车销售、增加产业盈利空间、推动以旧换新等经营策略,都是二手车产生以及二手车市场得以发展的重要原因。

有案可查的最早旧车买卖记载是亨利·福特将四轮车卖给医生查尔斯·金,而开创二手车贸易先河的则是通用汽车的斯隆。

斯隆自1924年起任通用公司总裁,他是通用历史上贡献最大的总裁和董事长。斯隆对通用公司不可磨灭的巨大贡献之一就是他的"销售四原则":即分期付款、旧车折价、年年换代、密封车身。其中"旧车折价"就是所谓的旧车置换和二手车收购。斯隆的"旧车折价"不仅减轻了消费者的经济负担,扩展了汽车产业的下游链条,扩大了下游产业的利润,而且开辟了汽车产业新的服务系统,顺应了市场的发展需求。

完整的汽车流通市场包括新车与二手车两部分,今天的二手车市场是昨天新车市场的延续,今天的新车市场又蕴含了明天的二手车市场。

二手车市场的发展固然有其自身规律,但更与新车市场息息相关,新车市场和二手车市场实际上是互相依赖、互相支撑的关系。

我国二手车流通市场极具发展潜力,培育和发展好这一市场,对促进新车的销售、拉动汽车及其相关产业的发展具有重要意义。

国外成熟汽车市场的经验表明:渠道畅通、运作高效的车辆新陈代谢机制,是汽车市场整体健康运作的前提与保证,活跃二手车市场是促进汽车置换、拉动新车销售的重要途径。

作为现代汽车服务业的重要组成部分,二手车市场的规范、成熟和发展,将成为推动产业升级、加速市场流通、提升竞争优势的一个重要环节,也将为整个新车市场的繁荣和发展起到积极的支撑作用。

三 国外二手车市场的形成与发展

国外二手车市场具有产业化、交易行为自发性、行业组织的自律性等主要特点,包括:二手车市场的管理、宣传、操作、技术、定价比较科学;交易网络化趋势十分明显;交易流程和交易手续简易高效;鉴定、估价有着相当健全的中间指导组织,已经形成了强大的社会化服务体系。与此同时,国外的二手车贸易在汽车工业中非常独立,整个行业有着统一的市场操作规范,强调二手车的质量和服务。

1. 美国的二手车市场

美国中产阶级及以上阶层的消费者买车主要以新车为主,而多数中产阶级以下的消费者则以买二手车为主。美国有约3.2亿人口,汽车保有量为2.8亿辆。

美国二手车热销的原因是:二手车法规比较完善,大众对二手车有着异乎寻常的热情。美国二手车市场经过数十年的发展已经相当成熟,形成了一套行之有效的市场规则,从价格、质量、服务等多个汽车消费的关键领域为消费者提供了保证和信心。

2. 英国的二手车市场

在欧洲,新车和旧车往往在一个店里卖,旧车销售区出售的二手车,甚至比敞亮的前厅销售的新车还要多。英国二手车销售的主要形式有品牌车行、汽车超市、二手车行、拍卖行以及个人交易等。

英国二手车市场的主要特点表现在:第一,交易量大,二手车年销量达到新车销量的3倍以上,形成了规模效应;第二,总供应量略大于总需求量,二手车价格相对较低;第三,体制健全,英国二手车市场具有一套完善的认证、置换、拍卖、收购、销售和监督体制,政府负责制定有关二手车交易法规,以法律形式保护消费者的权益,促进了市场健康发展;第四,交易手续简便,省时省力。在英国,二手车可以自由交易,且交易手续极其简便,最快几分钟即可完成。

3. 日本的二手车市场

日本二手车市场发达,首先在于法规严格,有公正的二手车评估制度,评估行为比较规范。在日本,要想获得二手车的评估资格,必须向评估协会申请实施评估业务,经过评估协会审查,对审查合格的发放《评估业务确认书》,并制作"评估业务实施店"的标牌挂在店内。在有资格的店内,都有通过评估协会组织的技能考试的专业二手车鉴定评估人员。对二手车价格的评估,在日本有一套通行而简易的计算方法。其计算公式是:评估价格=基本评估价-标准维修费用及标准杂费-各公司调整点-加减点。另外,日本对违规交易的管理也比较严格。

四 我国二手车市场的形成与发展

一辆车从下线到报废,一般要周转5次以上。在国外成熟的汽车市场中,二手车交易相当火爆,每年的二手车交易量远远超过新车,美国、德国、瑞士、日本等国家二手车的销量分别是新车销量的3.5倍、2倍、2倍、1.4倍。

1. 我国二手车市场的发展阶段

第一阶段:1985年以前,我国处于计划经济时期,国家对汽车生产、分配和消费实行计划管理,产量和保有量很低,党、政、军机关,国有企业、事业单位是汽车消费的主体,汽车没有走向市场。由于消费主体单一,在车辆的使用上基本是从新车开始一直使用到报废,二手车交易极少,市场化交易方式尚未形成。

第二阶段:1985—1992年,我国经济体制由计划经济向"有计划的商品经济"过渡,汽车开始走向市场。作为身份和地位的象征,一部分先富起来的人开始购置汽车,随之二手车流通开始出现,二手车交易量呈缓慢上升趋势。

第三阶段:1993—1998年,党的十四届三中全会通过了《中共中央关于建立社会主义市场经济体制若干问题的决定》,以市场为导向的经济体制改革的步伐加快,人民生活水平得到较大幅度提高,社会购买力大大增强,汽车消费已成为高收入阶层的消费时尚。与此同时,二手车的高额经营利润,吸引了大批企业进入二手车流通行业,极大地激发了二手车市场的活力。

第四阶段:1998年以后,在国家扩大内需、刺激消费的政策鼓励下,汽车需求量逐年增加,使得汽车产量和保有量呈快速增长趋势。自2018年下半年起,整车市场出现了增速下降的情况,但二手车市场却依然保持良好的增长势头。2019年我国二手车交易量已达到1492.28万辆,交易金额为9356.86亿元。作为现代汽车服务业的重要组成部分,二手车市场的规范、成熟和发展,成为推动产业升级、加速市场流通、提升竞争优势的重要环节,也为整个新车市场的繁荣和发展起到积极的支撑作用。

2. 我国二手车交易的主要特点

我国的二手车交易起步较晚、发展较快、潜力很大。1998年,国内贸易部颁布《旧机动车交易管理办法》后,我国二手车市场开始步入规范化轨道。短短5年时间,二手车交易量就翻了一番,以平均每年25%的速度增长。随着我国经济发展水平的进一步提高和汽车保有量的不断增长,二手车交易快速增长的时机已经到来。

二手车交易市场是我国现阶段二手车流通的主要渠道,其主要特点是:为供需双方提供集中交易场所,使消费者在一个交易市场内就能够对本地二手车市场行情一目了然;政府相关职能部门统一现场办公,实行"一站式"服务,为消费者提供方便;市场制定相关的管理办法和交易程序,保证了入场交易车辆的合法性;市场通过加强对经纪公司的管理,规范经纪公司的交易行为,在一定程度上有效地保护了消费者的权益。

第二节 二手车交易概述

一 二手车经营主体

二手车经营主体是指经工商行政管理部门依法登记,从事线上、线下二手车经销、拍卖、经纪、鉴定评估的企业。二手车经销是指二手车经销企业收购、销售二手车的经营活动;二手车拍卖是指二手车拍卖企业以公开竞价的形式将二手车转让给最高应价者的经营活动;二手车经纪是指二手车经纪机构以收取佣金为目的,为促成他人交易二手车而从事居间、行纪或者代理等经营活动;二手车鉴定评估是指二手车鉴定评估机构对二手车技术状况及其价值进行鉴定评估的经营活动。

二 二手车贸易的作用

二手车贸易是汽车服务贸易的一部分,当前我国二手车市场交易模式呈现向多元化方向发展的局面。尽管近几年我国二手车交易开始兴旺,但目前我国二手车的年销量目前还不到新车年销量的1/3,根据发达国家汽车市场中二手车与新车的销量比例,我国二手车市场还有很大的发展空间。

二手车贸易对活跃汽车市场、推动汽车消费有着重要的作用。这些作用包括:二手车交易是汽车产品的一种"再营销"(优化汽车分配循环);提供赢利支持新车销售业务,促进汽车新车贸易的发展;提升经销商的销售能力;增加汽车价值链增值点;平衡我国各地汽车市场的发展;推动我国汽车行业的发展;在不同层次上满足消费者的用车需求。

三、二手车交易的特征

二手车交易不同于其他商品交易,有它的特殊性。

1. 产权特征

它与一手货(含新车)的交易是不同的。一手货是商品,由生产厂商转移到最终用户手里的交易属商品销售;二手车是产权品,它在最终用户之间转移的交易属产权交割。

2. 动产特征

二手车与二手货交易也不同,二手车交易后有产权的证照办理手续,二手货交易只要一手交钱、一手交货即可。二手车与二手房的交易也不尽相同,二手车是动产,二手房是不动产。二手车在移动过程中产生难以预料的因素很多,易构成公共安全隐患,交易中需要公安车管部门进行查验和审核;二手房是固定在一个地方,对公共安全影响面小。

3. 审视特征

二手车使用的情况不同,车辆磨损和老化程度不尽相同,在交易中需要直观审视和鉴定评估。

四、二手车交易的原则

《中华人民共和国反不正当竞争法》第二条第一款规定"经营者在市场交易中,应当遵循自愿、平等、公平、诚实信用的原则,遵守公认的商业道德"。这是对各种交易基本原则的规定,是所有交易活动所必须遵守的根本性准则。二手车交易由于其交易特性,更应该严格遵守这些基本原则。

1. 自愿原则

自愿原则是指交易双方在法律允许的范围内,可以自主地从事交易活动,即根据自己的意愿,决定确立、变更或终止商业法律关系。自愿原则的主要内容有:第一,交易双方有权自主决定是否参加某一交易活动,不受任何人的非法干涉;第二,交易双方有权自主决定交易的对象、交易内容和交易方式;第三,交易双方之间交易关系的确立、变更或终止,均以双方真实自主的意思表示为基础。

2. 平等原则

平等原则是指交易双方在法律规定的范围内从事交易活动,都具有平等的法律地位,享有平等的权利。平等原则的主要内容有:第一,交易双方不论经济实力强弱,所有制或地区等属性如何,在交易中都具有平等的法律地位;第二,交易双方在交易活动中相互间的权利、义务的设定,都应是双方自愿协商、意思表示一致的结果;第三,交易双方在交易活动中必须尊重双方的独立地位,一方不能迫使另一方服从自己的意志。

3. 公平原则

公平原则是指交易双方在交易活动中均应受到公正的对待。其主要内容有:第一,在交易关系中,交易双方在享有权利和承担义务上不能显失公平,更不能一方只享有权利,而另一方只承担义务。第二,消费者和经营者作为交易的两个主体都享有公平交易的权利,但由于在交易活动中,消费者往往处于弱者的地位,更需要突出强调享有公平交易的权利,以便从法律上给予保护。因此,《中华人民共和国消费者权益保护法》第二章第十条规定"消费者享有公平交易的权利",明确规定消费者的第四大权利是"公平交易权"。消费者有权获得质量保障、价格合理、计量正确等公平交易条件。第三,所有经营者在交易手段的利用和交易机会的获得等方面,都应享有同等的权利。第四,经营者的正常经营活动和其他合法权益不受任何不正当妨害。

4. 诚实信用原则

诚实信用原则是指经营者在交易中应保持善意、不事欺诈、恪守诺言、信守合同。其主要内容有:第一,经营者不得采用欺骗手段从事交易活动,谋取非法利益,分割其他经营者的合法权益;第二,经营者应该恪守诺言,严格履行合同义务。

5. 遵守公认的商业道德的原则

公认的商业道德除了自愿、平等、公平、诚实信用等法律化的商业道德,还包括行业协会制定的行业自律各项规定和该行业经营者们所公认的、普遍遵守的、具有积极社会意义的交易行为准则。

6. 管理与经营分离的原则

为体现公平交易,根据有关规定,二手车交易市场应遵循管理者与经营者分离的原则,交易市场及工作人员不得从事二手车交易活动。

五 二手车交易的形式

当前,二手车交易表现形式有中介经纪、经销、委托寄售、拍卖、置换、直接交易、电子商务等形式。值得注意的是,近年来除了二手车经纪、二手车经销开始活跃外,二手车拍卖、二手车置换以及品牌二手车业务在市场上先后出现,交易模式的推陈出新为二手车市场发展提供了新"引擎"(图3-1)。

图3-1 二手车交易的形式图

1. 二手车经纪

二手车经纪人是指那些在市场上从事介绍买卖双方交易并以此获得佣金的中间人。经纪人本身不占有商品,而是利用自己的能力以及广泛的社会联系、独有的供销渠道,为交易双方穿针引线促成交易。通过二手车经纪人交易的即为二手车经纪。

2. 二手车经销

二手车经销是汽车经营企业在二手车市场上拿钱收购二手车,然后将它转手卖出去的交易形式,这些企业既包括从事二手车买卖的经销商,也包括同时从事整车销售的经销商。二手车经销商是企业和终端消费者直接见面的销售渠道,它在市场中的作用十分巨大。

3. 二手车委托寄售

二手车委托寄售是一种委托代售的贸易方式。在我国二手车交易业务中,委托寄售方式运用并不普遍。我国的委托寄售主要分为自行定价型、二次付款型和周期寄售型等三种。按照寄售管理要求,凡寄售的二手车必须保证车辆完好、来源合法。二手车价格由委托人定价,接受委托的商家可以按照市场行情提出调整意见。委托期限由双方议定,委托人可以中途终止合同撤回委托二手车。二手车售出后,商家收取一定比例的手续费。

4. 二手车拍卖

二手车拍卖的目的是提高二手车市场交易的透明度、满意度和成交率,为客户提供更多的交易机会。二手车拍卖业务应由拍卖师、估价师和有关业务人员组成。

目前我国的二手车拍卖活跃。二手车拍卖是指以公开竞价的形式将二手车转让给最高应价者的经营活动。在我国，二手车拍卖最初的表现形式是消费者把车先开到市场进行展示，接着参加拍卖，后来又有了专业的拍卖网站进入市场。

我国二手车拍卖业务虽然发展时间不长，但其对二手车市场的影响却是巨大且深远的，而且，我国二手车拍卖业务的发展从一开始就显现着国际化色彩。世界上最大的二手车拍卖机构以及具有国际风投背景的二手车公司开发的二手车拍卖网络平台，为开展二手车拍卖业务提供了有力的技术支撑。随着网络平台规模日益扩大，二手车拍卖成为目前我国二手车市场的一个新的热点。

二手车拍卖有着严格的流程，包括委托流程（图3-2）和竞买流程（图3-3）。

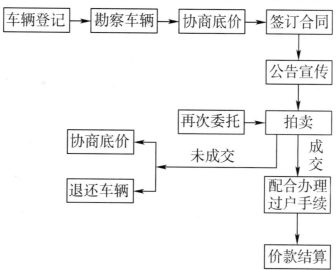

图3-2　二手车拍卖委托流程图

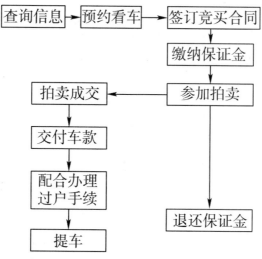

图3-3　二手车拍卖竞买流程图

5. 二手车置换

二手车置换是指消费者用二手车的评估价值加上另行支付的车款,从品牌经销商处置换新车的业务。汽车置换从狭义上来说就是"以旧换新";广义上则是指在以旧换新业务的基础上,还同时兼容二手车整备、跟踪业务、二手车再销售乃至银行按揭贷款等项目的一系列业务整合,从而使之成为一种有机的营销整合。截至目前,全国已有上千家汽车经销商开展了二手车置换业务。我国二手车置换的主要模式有:用本厂旧车置换新车(即以旧换新);用本品牌旧车换新车;只要购买本厂家的新车,置换的旧车不限品牌等。

二手车置换服务具有以下特点:

(1)打破车型限制。经销商对所要置换的二手车以及选择购买的新车,都没有品牌及车型的限制,可以任意置换。

(2)让利置换,旧车增值。经销商通常以二手车交易市场中二手车收购的最高价格甚至高出的价格,确定二手车价格,经双方认可后,置换二手车的钱款直接冲抵新车的价格。

(3)"全程一对一"的置换服务。从旧车定价、过户手续,到新车贷款、购买、保险、牌照等全过程都由汽车置换授权经销商完成。

(4)完善的售后服务。它是指包括保险、救援、替换车、异地租车等服务在内的完善的售后服务。对于符合条件的顾客,汽车置换授权经销商还提供更加个性化的车辆保值回购计划,使顾客可以无须考虑再次更新时的车辆残值,安心使用车辆。例如上汽通用的"诚新二手车"严格规定了置换流程,可靠地保证了服务质量(图3-4)。

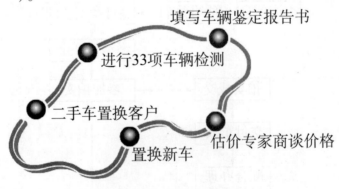

图 3-4　诚新二手车置换流程图

(5)品牌二手车。品牌二手车的最大竞争力在于它的信誉保证,这是打动消费者的核心力量。在发达国家,品牌经销商二手车销售量占市场总量的1/3

以上。在我国,目前也有越来越多的汽车生产企业相继展开了品牌二手车业务。2004年上海大众推出"特选二手车",上汽通用推出"诚新二手车",一汽大众推出"认证二手车";2005年一汽丰田推出了"安心二手车";2006年东风悦达起亚推出"至诚二手车";2007年,东风标致又推出了"诚狮二手车",广州本田的"喜悦二手车"也高调进入市场。在高档车中,华晨宝马、一汽奥迪、一汽丰田也相继启动了品牌二手车业务。这不仅丰富了二手车种类,增加了消费者的选择,而且发挥了品牌效应,增强了消费者对品牌的忠实度。品牌二手车的出现,为二手车市场增添了新的变化、输送了新的力量、丰富了二手车交易模式。

此外,品牌二手车还通过执行生产企业严格的认证标准,明示车辆质量信息,明码标价,改变了长期以来二手车市场信息不透明的问题。品牌二手车的兴起与发展,为二手车市场快速发展起到了强大的推动作用。

为了进一步规范品牌二手车销售,各品牌汽车厂商还纷纷设置标准二手车展厅。2009年11月,东风日产北京二手车交易中心扩建后正式开业;2009年12月,奥迪汽车宣布在北京建立第一家标准的二手车展厅,标志着其二手车业务发展进入品牌化发展的新起点,这意味着国内二手车市场正在步入规范、规模、稳健发展的新阶段。

6. 二手车电子商务

1)电子商务

电子商务是指通过互联网(Internet)、企业内部网(Intranet)和增值网(Value Added Network,VAN),以电子交易方式进行交易活动和相关服务活动,是传统商业活动各环节的电子化、网络化。

2)电子商务的主要特征

(1)高效率、低成本。跨地区连接,在网络上直接见面,缩短产、供、销之间的距离,降低中间成本,无须店铺租金,实现产品直销,减少库存压力,降低经营成本。

(2)不受时间限制。无国界、无地域限制,24h无休。

(3)平等、互动、资源共享。不受自身规模限制,平等获取信息,共享平台资源,节省推广费用,快速高效。

(4)选择自由度大。有更宽的比较选择的自由度,使企业间、地区间差价缩小,使竞争更侧重于服务内容、服务质量、响应速度等。

(5)实现一对一沟通。可以将互联网的相关联想扩大自己的思索范围,发现自己的需求,实现一对一的沟通。

3)电子商务的核心价值

二手车电子商务的核心价值在于目标客户更精准、沟通方式更互动、线索收集更快捷、服务成本更节省、客户数据更完整(图3-5)。

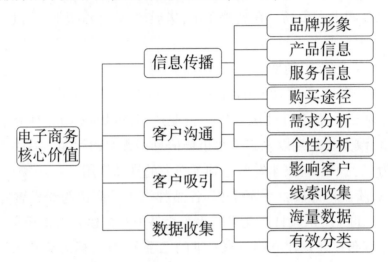

图3-5　二手车电子商务的核心价值

4)二手车电子商务信息系统

二手车电子商务依赖强大的信息系统进行运作,如图3-6所示。

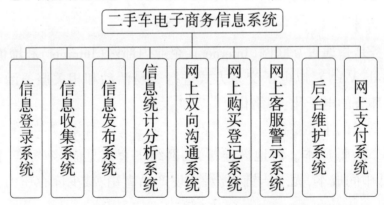

图3-6　二手车电子商务信息系统

5)二手车电子商务的主要形式

目前二手车电子商务主要模式有以下几种:

(1)O2O。将线下的商务机会与互联网结合,这为传统的企业开辟了新的市场渠道。通过O2O的方法,可以降低营销的成本,开辟新的市场渠道。

(2)B2C。B2C("商对客")是电子商务的一种模式,也就是通常说的直接面向消费者销售产品和服务商业零售模式。这种形式的电子商务一般以网络零售业为主,主要借助于互联网开展在线销售活动。

(3)C2C。它是指消费者与消费者之间的互动交易行为,这种交易方式是多变的。例如消费者可在某一竞标网站或拍卖网站中,共同在线上出价而由价高者得标;或由消费者自行在网络新闻论坛或BBS上张贴布告以出售二手货品,甚至是新品。诸如此类因消费者间的互动而完成的交易,就是C2C的交易。

6)二手车电子商务关键要点

开展二手车电子商务,关键要专注以下要点:

(1)网站建设。建设二手车交易网站,是迈出二手车电子商务的第一步。

(2)营销推广。二手车交易网站必须精准有效地推送信息到互联网相关平台,精准锁定。

(3)重视目标人群。通过沟通将其带回企业网站,并对商机线索跟踪处理,对客户建档,针对性营销,大幅提升商机转化率。

(4)决策支持。对网站数据、行业趋势等进行多维度分析,实时掌握电子商务效果,持续改进电子商务计划。

六 二手车交易的基本流程

二手车交易市场车辆交易的基本流程如下。

1. 车辆入场展示

二手车展示的目的主要是为购车者提供选购的机会,同时证明其车辆来源的合法性。凡符合进入市场交易条件的二手车,在展示期间,须在交易车辆风窗玻璃前张贴"二手车入场交易展示证"(下称展示证)。无展示证或张贴无效展示证的车辆,不得在市场内交易。办理展示证应备齐下列材料:车辆行驶证原件及复印件、交易展示车辆入库单、原车主身份证复印件、经办人身份证复印件等有效证件。备齐相关材料后,车辆应按市场展示车辆规定到展示区入口办理入场手续,并由市场开具统一的展示证后进入指定车位展示。展示车辆因成交或其他原因要求出场的,应到展示场地出口处办理出场手续后方可出场。所有进场展示的交易车辆必须是合法的,法律法规禁止交易的车辆不得入场展示。

2. 车辆成交并签订交易合同

车辆成交的前提是通过商谈,对车价和服务要求取得一致意见,这是二手车交易中的重要环节。为了保证交易公平合理,避免交易纠纷,必须按照《中华人民共和国合同法》规定,签订规范的二手车交易合同。

二手车交易双方法律地位平等,合同一旦签订,表明买卖双方意思表达一致,具有相应的法律效力,当事人就具有法律上的约束力。完整的二手车交易合同必须包括:①当事人名称和住所;②标的;③数量;④价格或者报酬;⑤履行期限、地点和方式;⑥违约责任;⑦解决争议的方法。

为了规范二手车交易合同的签订,中国汽车流通协会与国家工商管理部门专门起草了格式化的二手车交易合同示范文本。严格履行示范合同的各项条款,对于保护买卖双方的合法权益有着重要的作用。

3. 成交车辆查验与评估

二手车查验是在公安民警的监管下,由二手车交易市场委派经过培训的工作人员,协助公安民警开展交易车辆的查验工作:查验车辆是否在年检有效期内;查验车辆识别代码、发动机号、车架号的钢印有否凿改,与其拓印是否一致;查验车辆颜色与车身装置是否与车辆行驶证一致。同时按交易类别对车辆主要行驶性能进行检测,确保交易车辆的正常安全性能。如一切正常,则在《机动车登记业务流程记录单》上盖章,并在发动机号、车架号的拓印上加盖骑缝章。

二手车查验的具体要求有以下几点:①准备材料。需查验的车辆入场前应准备好查验所需行驶证、机动车登记表副表,并由驻场公司填写好交易车辆查验单。②摄像。车辆入场后按规定进行查验,并统一摄像。③拓印。拓印发动机和汽车底盘钢印。④查验。查验员应该按二手车交易车辆查验规程进行查验。⑤评估。查验员查验完毕后的车辆应到指定地点进行评估。⑥公安民警勘察。评估后的过户进口车及转籍车,进入检测线内,由驻场公安民警查验。⑦领取材料。查验完成后的材料应到检测线窗口领取,评估后的过户国产车辆无须民警查验。

4. 成交车辆办证

全国的二手车成交车辆办证手续大同小异,仅以上海为例。按照《上海市旧机动车交易管理规定》(沪府发〔1997〕31号)、《上海市商品交易市场管理办法》(沪府127令)和《上海市二手车交易管理暂行办法》,目前上海二手车交易采取的是在市场集中交易办理证照的方法。由市公安局车辆管理所派驻警官驻场监管和指导,重点环节由警官进行审核把关,具体操作性事务由市场工作人员协助完成,基本形成了适合上海特点的新操作模式。其主要环节如下:

(1) 车辆查验。

(2) 车辆评估。具体内容见第四章第二节。

(3) 车辆交易。二手车经过查验和评估后,其车辆的真实性和基本价格得到基本保障,同时需要原车主对其车辆的一些其他事宜(使用年限、行驶公里数、安全隐患、有无违章记录等)作出书面承诺。

经营(经纪)公司可以对该车进行出售或寄销,谈好客户后,收取相应的证件和材料,开具相应的发票,签署经营(经纪)合同,整理后送办证初审窗口。

(4) 初审受理。由二手车交易市场派驻各交易市场的专业业务受理工作人员,对各经营(经纪)公司或客户送达的车辆牌证和手续材料,初审其真实性、有效性,以及单据填写的准确性。合格后,打印操作流水号和代办单位,经工商行政管理部门验证盖章,将有关材料整理装袋,准备送达相应的办证地点。

(5) 材料传送。由二手车交易市场指定的专业跑(送)单人员,核对材料的分量,贴上封条,签署"材料交接表"并签章,将办证材料及时、安全地送达相应的办证地点。

(6) 过户制证。由驻场警官对送达的办证材料经实时计算机车档库进行对比查询,并对纸质材料进行复核无误后,在《机动车登记业务流程记录单》上录上复核人员姓名,签注《机动车登记证书》,由市场工作人员按岗位的程序进行《机动车行驶证》的打印、切割、封塑,并录入相应操作岗位人员姓名。纸质材料整理、装订后,每周二、四送车辆管理所档案科,相关证件和《机动车行驶证》《机动车注册、转入登记表(副表)》等,由跑(送)单人员送回相应的代理交易市场。

(7) 转出吊销。跑(送)单人员将转出(转籍)的有关证件、材料和号牌送达车辆管理所档案科,由警官对送达的转出材料和证件进行复核。确认无误后,收缴机动车号牌,在《机动车登记业务流程记录单》上录入姓名,并签注《机动车登记证书》,将档案室内的纸质材料整理后装袋封口,并在计算机网络中录入"转出"状态,传递至全国公安交通管理信息系统中,其"机动车档案"和"机动车临时号牌"将由跑(送)单人员返送至各代理交易市场内。

(8) 材料回送。经驻场警官复核后,换发《机动车行驶证》及《机动车注册、转入登记表(副表)》和有关证件;或经车辆管理所档案科警官复核后,调出"机动车档案"和"机动车临时号牌"以及相关的证件,整理后送各代理交易市场的办证窗口,并经驻场牌证、材料接收人员签好《材料交接表》。

(9) 收费发还。各交易市场的办证窗口,收到材料经核对无误后,对所需支付的费用逐一进行汇总计算,打印发票,向委托办理的经营(经纪)公司和客户收取费用(凭代办单上的流水号),核对"代办单"后,发还证照和材料。

(10)交易完成,交付材料,提车。二手车交易手续办理结束后,二手车经销商应当向客户交付车辆使用必需的各项材料,并及时交付车辆。

七、二手车售后服务

二手车售后服务是指客户接车前、后,由二手车销售部门为客户提供的所有技术性和非技术性服务。它可能在售前进行(如车辆整修、测试等),也可能在售时进行(如车辆美容、按照客户要求安装和检修部件,以及为客户进行的培训、发放技术资料等)。但更多的是车辆售出后,按期限所进行的质量保修、日常维护、修理、技术咨询以及配件供应等一系列服务工作。为了提高二手车售后服务质量,二手车售后服务企业应当建立统一的售后服务体系,开展多样化的售后服务项目,体现售后服务的可靠性和快速性;同时必须提高售后服务人员的素质。

八、禁止交易的二手车

有下列情形的二手车禁止经销、买卖、拍卖和经纪:①已报废或者达到国家强制报废标准的车辆;②在抵押期间或者未经海关批准交易的海关监管车辆;③在人民法院、人民检察院、行政执法部门依法查封、扣押期间的车辆;④通过盗窃、抢劫、诈骗等违法犯罪手段获得的车辆;⑤发动机号码、车辆识别代号、车架号码与登记号码不相符或者有凿改迹象的车辆;⑥走私、非法拼(组)装的车辆;⑦不具有《二手车流通管理办法》第二十二条所列证明、凭证的车辆;⑧在本行政辖区以外的公安机关交通管理部门注册登记的车辆;⑨国家法律、行政法规禁止经营的车辆。二手车交易市场经营者和二手车经营主体发现车辆具有④⑤⑥情形之一的,应当及时报告公安机关、工商行政管理部门等执法机关。对交易违法车辆的,二手车交易市场经营者和二手车经营主体应当承担连带赔偿责任和其他相应的法律责任。

九、盗抢车辆识别

盗抢车辆一般是指在公安车辆管理部门已登记上牌的,在使用期内丢失的或被不法分子盗窃的,并在公安部门已报案的车辆。由于这类车辆被盗窃的方式多种多样,被盗窃后所遗留下来的痕迹会不同。如撬开门锁、砸车窗玻璃、撬转向盘锁等,都会留下痕迹。这些被盗车辆大部分会经过一定修饰后,企图在市场上卖出,很可能会流入二手车交易市场。识别盗抢车辆的方法一般有以下几种。

1. 通过档案资料识别

根据公安车辆管理部门的档案资料,及时掌握车辆动态,防止盗抢车辆进入市场交易。这些车辆在追寻期内,公安车辆管理部门已将其车辆档案材料锁定,不允许进行车辆过户、转籍等一切交易活动。

2. 通过车辆鉴定识别

根据盗窃一般手段,主要检查汽车门锁是否过新;锁芯有无被更换的痕迹;门窗玻璃是否为原配正品;窗框四周的防水胶是否有插入玻璃升降器开门的痕迹;转向盘锁或点火开关是否有破坏或调换的痕迹。

3. 通过证码识别

不法分子急于对这些车辆销赃,会对车辆有关证件进行篡改和伪造,使被盗车辆面目全非。检查重点是核对发动机号码和车辆识别代码、钢印周围是否变形或有褶皱现象、钢印正反面是否有焊接的痕迹。

4. 通过外观油漆识别

查看车辆外观是否全身重新做漆,或者改变了原车颜色。

第三节 二手车市场概述

一 二手车交易市场

《二手车流通管理办法》第三条对二手车交易市场的定义指出,二手车交易市场是指依法设立、为买卖双方提供二手车集中交易和相关服务的场所。

二手车交易市场设置应当符合以下规范。

1. 主体资格

市场主体应具有企业法人资格,市场开办者符合有关法律、法规规定的资格条件。

2. 符合规划

新建二手车市场应符合本地区商业发展规划等要求。

3. 经营场所

新建二手车市场应当具有与经营活动相适应的经营场所,设有查验区、评估区、交易区等功能区域,提供车辆展示、查验、评估、交易等设施和服务。

4. 审核功能

二手车市场应当具备二手车合法性审核功能。

5. 工商注册

新建二手车交易市场的经营者应当依法办理工商登记等注册手续。

(二) 二手车交易市场的基本功能

二手车交易市场作为二手车交易平台,在整个交易流程中应体现以下八大功能。

1. 车辆展示功能

二手车交易市场集中设置品牌展示厅或展示区,确认入场展示车辆的责任方,通过现代信息技术进行单车辆、分车位统一管理,增强二手车交易的可追溯性,加强对交易主体的监管,并作为市场发布交易信息的资料来源。

2. 车辆查验功能

在公安车辆管理部门派驻市场民警的监管下,按照国家的有关规定,二手车交易市场对车辆的合法性和唯一性进行查验,并对查验报告内容负法律责任。

3. 车辆评估功能

二手车鉴定评估机构作为独立的中介机构,对二手车的技术状况及价值进行鉴定,并出具车辆鉴定评估报告。这种"评估与交易相分离"的第三方评估方式,一方面在买卖信息不对称的情况下,可以客观、科学地向购买者提供该车目前的技术状况;另一方面可以向购买者提供一个参考价格,在一定程度上保障了消费者的利益。

4. 交易服务功能

二手车交易市场经营者应执行二手车交易规范,实现交易办证流程标准化,通过对车辆交易规定的法定证明、凭证和相关资料的审核,确认卖方的身份及交易车辆的合法性,核实卖方对车辆所有权和处置权的证明,由经纪机构开具国家税务机构监制的二手车销售统一发票。同时,应建立相关的交易档案。

5. 交易维权功能

二手车交易市场经营者要在市场内设立客户投诉受理部门,妥善处理客户投诉,协助客户挽回经济损失,保护消费者的合法权益。

6. 信息发布功能

二手车交易市场经营者要加强信息网络建设,提高交易透明度,定期发布市场信息,形成网络化、规范化、标准化的交易服务体系。

7. 咨询服务功能

二手车交易市场内要设立咨询服务窗口,为买卖双方提供与各类业务相关的咨询服务。

8. 市场监管功能

二手车交易市场经营者应制定市场管理规则,对场内交易活动负有监督、规范和管理职能,营造良好的市场环境和交易秩序。

三 二手车交易市场设置

根据二手车交易流程及二手车交易市场功能体系导向,市场内空间布置应具备以下设置要求。

1. 查验区

由经过有关部门或培训机构统一培训并取得相关资质的查验人员,在公安车辆管理部门派出的民警监管下,对待交易的二手车从车辆识别代码、发动机代码、车辆铭牌、车辆装置等方面进行查验,共同确认待交易二手车的唯一性、合法性。

2. 评估区

应配备与二手车检测评估相应的设施设备,由第三方评估机构对二手车进行综合评估。

3. 展示区

二手车交易市场应集中设置品牌展示厅或展示区,确认入场展示车辆的责任方,通过现代信息技术进行单车辆、分车位统一管理,并作为市场发布交易信息的资料来源。

4. 交易大厅

交易区内设置信息咨询服务窗口、评估服务窗口、交易结算窗口、证照审核办理服务窗口以及信息公示牌、信息自助查询终端、客户休闲区等设施;鼓励设置拍卖区,强化二手车交易市场的拍卖交易功能。

5. 综合服务区

设置餐厅、便利店等设施,方便市场工作人员与消费者。有条件的二手车交易市场可以设置汽车维修、美容区,为交易后的车辆提供选择性售后服务,拓展二手车交易市场新的服务领域。

6. 道路及绿化

根据交易市场的交易规模,设置车辆分流畅通的主干道,保证市场内部通行能力,保障交易峰值时期停车位。二手车市场的环境绿化,对美化环境有重要作用,应当予以重视。

（四）二手车交易市场管理体系建设

国家在《二手车交易规范》中对二手车交易市场经营者有着明确的规定。

(1) 二手车交易市场经营者应具有必要的配套服务设施和场地,设立车辆展示交易区、交易手续办证区及客户休息区,做到标志明显、环境整洁卫生。交易手续办理区应设立接待窗口,明示各窗口业务受理范围。

(2) 二手车交易市场经营者在交易市场内应设立醒目的公告牌,明示交易服务程序、收费项目及标准、客户查询和监督电话号码等内容。

(3) 二手车交易市场经营者应制定市场管理规则,对场内的交易活动负有监督、规范和管理责任,保证良好的市场环境和交易秩序。由于管理不当给消费者造成损失的,应承担相应的责任。

(4) 二手车交易市场经营者应及时受理并妥善处理客户投诉,协助客户挽回经济损失,保护消费者权益。二手车交易市场经营者在履行其服务、管理职能的同时,可依法收取交易服务和物业管理等费用。

(5) 二手车交易市场经营者应建立严格的内部管理制度,牢固树立为客户服务、为驻场企业服务的意识,加强对所属人员的管理,提高人员素质。二手车交易市场服务、管理人员须经培训合格后上岗。

为了确保二手车交易市场规范有序和协调发展,应加强以下管理体系建设。

1. 诚信体系建设

二手车交易市场应与经营主体共同营造诚实守信的交易环境。在政府引导与行业协会的指导下,重点推进企业信用档案制度、合同管理制度、保证金制度、先行赔付制度等方面的建设,定期公示讲信用、高效率的交易企业名单,维护交易双方权益。

2. 标准化体系建设

推进行业标准的制订进程,通过实施形象标志统一化、功能设施标准化、交易流程标准化、评估软件标准化,从二手车交易市场的标识、硬件、软件以及交易环节等方面进行统一规范。

3. 信息化体系建设

推进信息化进程,促进信息透明,建立二手车交易市场公共网络信息平台,公开车辆展示信息、成交信息、企业经营业绩等信息,确保二手车交易公平、公正、公开进行,使消费者了解交易的具体实施环节,完整掌握买卖双方信息。

4. 品牌体系建设

加强品牌体系建设,培育二手车交易市场的服务品牌、评估公司品牌、交易中介服务品牌。鼓励和探索连锁经营及拍卖等多元交易模式,树立行业标杆效应,提升行业整体服务水平。

 促进二手车市场发展的相关政策

1. 汽车产业发展规划

国家将"规范和促进二手车市场发展"作为推动汽车市场持续发展的一项重要措施,针对二手车行业存在的突出问题提出了一系列政策、措施。这些政策、措施包括:制定二手车鉴定评估国家标准和建立临时产权登记制度;调整二手车交易的增值税征收方式,即调整现行的"简易办法征收增值税"方式,改为按法定税率对进销差价征收,不增值就可不缴纳增值税;严格经营主体市场准入,大力发展专业的二手车经销企业;提高二手车经营的市场准入条件,清理不具备经营条件和经营不规范的企业;倡导汽车品牌经销商开发以旧换新、以旧换旧等汽车置换业务;取消二手车交易市场的不合理收费,降低交易成本;积极推广二手车交易合同示范文本,保护消费者合法权益;充分发挥行业组织作用,加强行业自律,促进企业诚信经营。

2. 规范二手车市场秩序文件

2009年,国家工商总局、商务部、财政部、公安部、工业和信息化部、税务总局、国家发展改革委就进一步规范二手车市场秩序、促进二手车市场健康发展提出意见,计划采取以下四项措施:

一是加强二手车交易市场开办主体监管,严格市场准入条件;依法查处、取缔无照经营二手车的违法行为;优化市场环境,在二手车经营企业登记、税收、车辆转移登记等方面提供高效、便捷的服务。

二是加强对二手车交易市场、二手车经营企业经营行为的监督管理,督促其建立和完善车辆的索证索票制度,亮照、亮证经营,依法纳税,明码标价,规范使用《二手车销售统一发票》《二手车买卖合同示范文本》。

三是依法打击违法经营行为和违法犯罪活动,重点查处非法销售应报废车辆、虚假宣传、不正当竞争、偷逃税收,以及欺行霸市、强买强卖、恶意串通、敲诈勒索等违法行为。严防走私、非法拼装、盗抢的车辆上市销售。

四是将二手车交易市场和二手车经营企业纳入政府部门的诚信建设体系,充分发挥行业协会作用,加强行业自律,倡导公平竞争,树立诚信为荣、失信为耻的行业风尚。建立和完善各项监管制度和机制,创造条件,方便二手车在全国范围内流通。

3. 促进二手车市场健康发展的意见

2009年11月3日,国家工商总局会同商务部等国家7部委联合下发《关于进一步规范二手车市场秩序,促进二手车市场健康发展的意见》(以下简称《意见》)。《意见》明确规定:今后,二手车经营企业要建立和完善车辆的索证索票制度,明码标价。

此次《意见》也提出,将二手车交易市场和二手车经营企业纳入政府部门的诚信建设体系,建立和完善各项监管制度和机制,创造条件,方便二手车在全国范围内流通。

《意见》要求二手车经营企业须如实提供车辆在使用、维修、事故、保险,以及行驶公里数、报废期限等方面的真实情况和信息。

为拉动汽车消费,促进汽车产业结构调整,二手车交易市场今后将贯彻"严格市场准入"的原则,二手车鉴定评估的技术标准也将进一步规范。

4. 二手车交易市场升级改造示范工程

根据《国务院办公厅关于搞活流通扩大消费的意见》精神,为建立现代化二手车流通体系,提供公开透明的市场环境,促进二手车流通,商务部、财政部联合下发了《关于开展二手车交易市场升级改造示范工程试点的通知》。我国从2009年起在北京等10个省(市)开展"二手车交易市场升级改造示范工程"试点,通过财政支持,引导企业以提高信息化水平、推进市场服务功能升级、改善交易环境为重点进行技术改造,推动二手车交易市场健康发展,促进二手车交易量持续增长。

5. 给二手车经营企业的税收优惠

2020年3月31日,国务院常务会议确定对二手车经销企业给予税收优惠,并从2020年5月1日至2023年底,按销售额的0.5%征收增值税。

6. 开展二手车出口的相关政策

1) 二手车出口工作启动

汽车产业是国民经济的战略性、支柱性产业,相关政策一直受到社会各界高度关注。2019年4月29日,商务部、公安部、海关总署联合下发了《关于支持在条件成熟地区开展二手车出口业务的通知》,同年5月,商务部、公安部、海关总署三部门共同召开二手车出口专题会议,正式启动二手车出口工作。

2) 二手车出口工作的意义

二手车出口工作的启动是我国汽车产业出口史上具有里程碑意义的重大事件,具有重要而深远的意义。开展二手车出口是商务部落实中央经济工作会议精神,做好外贸稳增长工作的重要举措,是深化"一带一路"国际合作、推动外贸高质量发展的重要途径,有利于激发国内汽车消费市场活力,促进我国汽车产业健康发展,推动外贸稳中提质。

3) 做好二手车出口工作

商务部、公安部、海关总署联合下发的《关于支持在条件成熟地区开展二手车出口业务的通知》,要求开展二手车出口业务的地方加强组织领导,建立部门协调专项工作机制,结合本地实际细化完善实施方案,严格甄选出口企业,强化监管,优化服务。要制订二手车出口检测规范,由第三方检测机构出具检测报告,确保出口产品质量与安全。二手车出口企业要做好海外售后服务保障,树立和维护我国二手车出口的海外形象和信誉。

4）首批二手车出口的地区

目前，首批开展二手车出口业务的地区为北京、天津、上海、浙江（台州）、山东（济宁）、广东、四川（成都）、陕西（西安）、青岛、厦门10个省（市）。

5）二手车出口业务申报

为了规范二手车出口业务，各地出台了开展二手车出口业务的具体规定。例如，2019年5月上海市颁布了《上海市商委关于申报开展二手车出口业务的通知》（以下简称《通知》）。

《通知》指出，开展二手车出口业务，是指在上海市注册的企业，经商务部资质备案，从事二手车出口的经营活动。

《通知》规定符合以下条件的企业可申请开展二手车出口业务：企业注册地为上海市，实缴注册资金在人民币1000万元以上；能够有效组织出口车源，有能力在出口市场建立销售渠道和销售网络；具备提供二手车出口配套售后服务的能力，建立二手车出口全流程跟踪管理档案，包括车源、出口模式、进口国、销售对象、零部件供应链等；具备进出口经营资质，具有整车进出口经验及新车整车出口资质的优先；具有二手车经营、检测、评估等相关能力和经营经验的优先。

《通知》规定，申请开展二手车出口业务的企业应向上海市商务委员会提交如下申请材料：开展二手车出口业务的申请书，包括申请企业的概况、经营情况、业务分布、售后服务网络、开展二手车出口业务的方案（含二手车车源整合、境外销售、质量保障、售后服务保障、境外响应机制等）；企业法人营业执照复印件（加盖企业公章）；会计师事务所出具的上年度企业财务报告复印件，新注册企业提供申报截止日当期的财务报表及企业投资方上一年度财务审计报告复印件（加盖企业公章）；企业承诺书（加盖企业公章），承诺范围包括但不限于申报材料真实性、无违规行为和不良记录、当年度二手车出口预估量、未达标自愿退出两年内不再申请等；企业相应业务经销网络、售后服务网络证明材料；其他相关材料。

《通知》还指出上海市商务委员会将根据企业申报情况，组织开展专家评审工作，甄选合适的企业开展二手车出口业务并报商务部备案。

《通知》还强调了开展二手车出口工作相关企业的主体责任，强调二手车出口企业是二手车质量追溯责任主体。出口企业出口车辆应当符合出口目标国市场准入标准，出口目标国无准入标准的，出口车辆应当符合上海市相关标准。达到《机动车强制报废标准规定》的报废标准机动车，以及距规定要求使用年限1年以内（含1年）的机动车不得出口。严禁不合格或被盗抢、拼装车辆出口。

思考与练习

1. 简述机动车、旧车、二手车的概念。
2. 简述二手车交易的原则。
3. 品牌二手车业务的特点是什么?
4. 二手车交易的主要形式有哪些,分别有哪些特点?
5. 详细说明成交车辆办证的流程。
6. 简述我国政府管理部门为促进二手车市场健康发展制定的新政策,并说明其意义。

第四章

二手车鉴定评估概述

通过本章的学习,你应能:
1. 了解二手车鉴定评估技术规范的基本内容;
2. 知道二手车鉴定评估的作用;
3. 知道二手车鉴定评估的主要依据和评估原则;
4. 正确完成二手车评估的手续检查;
5. 正确完成二手车评估的手续;
6. 知道二手车评估咨询的业务要求。

第一节 二手车鉴定评估技术规范

为了促进二手车市场的健康发展,2013年12月31日,国家质检总局、国家标准委正式发布了《二手车鉴定评估技术规范》(GB/T 30323—2013,以下简称《规范》),并从2014年6月1日正式实施。

《规范》的术语和定义

1. 二手车
二手车是指从办理完注册登记手续至达到国家强制报废标准之前进行交易并转移所有权的汽车。

2. 二手车鉴定评估
1)二手车鉴定评估

二手车鉴定评估是指对二手车进行技术状况检测、鉴定,确定某一时点价值的过程。

2）二手车技术状况鉴定

二手车技术状况鉴定是指对车辆技术状况进行缺陷描述、等级评定。

3）二手车价值评估

二手车价值评估是根据二手车技术状况鉴定结果和鉴定评估目的，对目标车辆价值进行评估。价值评估方法主要包括现行市价法和重置成本法：

（1）现行市价法是根据车辆技术状况，按照市场现行价格计算出被评估车辆价值的方法。

（2）重置成本法是按照相同车型市场现行价格重新购置一个全新状态的评估对象，用所需的全部成本减去评估对象的实体性、功能性和经济性陈旧贬值后的差额，以其作为评估对象现时价值的方法。

3. 二手车鉴定评估机构

二手车鉴定评估机构是指从事二手车鉴定评估经营活动的第三方服务机构。

4. 二手车鉴定评估师与高级二手车鉴定评估师

二手车鉴定评估师、高级二手车鉴定评估师是指依法取得国家职业资格的二手车鉴定评估人员。

二手车鉴定评估机构的条件和要求

1. 经营场所

《规范》规定，二手车鉴定评估机构的场所经营面积不少于 $200m^2$。

2. 设施设备

《规范》规定，二手车鉴定评估机构必须具备汽车举升设备；具备车辆故障信息读取设备、车辆结构尺寸检测工具或设备；具备车辆外观缺陷测量工具、漆面厚度检测设备；具备照明工具、照相机、螺丝刀、扳手等常用操作工具；具备电脑等办公设施；具备符合国家有关规定的消防设施和其他相关设备。

3. 经营人员

《规范》规定二手车鉴定评估机构必须具有 3 名以上二手车鉴定评估师，1

名以上高级二手车鉴定评估师。

三 二手车鉴定评估程序

1. 二手车鉴定评估流程

《规范》规定,二手车鉴定评估的程序如图4-1所示。

2. 二手车鉴定评估作业流程

二手车鉴定评估机构开展二手车鉴定评估经营活动应按图4-1所示流程作业,并填写《二手车鉴定评估作业表》。

二手车经销、拍卖、经纪等企业开展业务涉及二手车鉴定评估活动的,依照图4-1中有关内容和顺序作业,即查验可交易车辆—登记基本信息—判别事故车—鉴定技术状况,并填写《二手车技术状况表》。

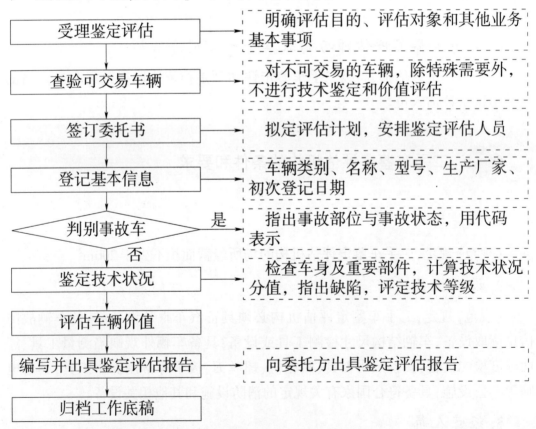

图4-1 二手车鉴定评估作业流程

二手车鉴定评估基本作业

1. 受理鉴定评估

了解委托方及其车辆的基本情况,明确委托方要求,主要包括委托方要求的评估目的、评估基准日、期望完成评估的时间等。

2. 查验可交易车辆

查验机动车登记证书、行驶证、有效机动车安全技术检验合格标志、车辆购置税完税证明、车船使用税缴付凭证、车辆保险单等法定证明、凭证是否齐全,并按照表4-1检查所列项目是否全部判定为"Y"。

可交易车辆判别表　　　　　　　　　　　表4-1

序号	检查项目	判别
1	是否达到国家强制报废标准	Y-否,N-是
2	是否为抵押期间或海关监管期间	Y-否,N-是
3	是否为人民法院、检察院、行政执法等部门依法查封、扣押期间的车辆	Y-否,N-是
4	是否为通过盗窃、抢劫、诈骗等违法犯罪手段获得的车辆	Y-否,N-是
5	发动机号与机动车登记证书登记号码是否一致,且无凿改痕迹	Y-是,N-否
6	车辆识别代号或车架号码与机动车登记证书登记号码是否一致,且无凿改痕迹	Y-是,N-否
7	是否为走私、非法拼组装车辆	Y-否,N-是
8	是否为法律法规禁止经营的车辆	Y-否,N-是

如发现上述法定证明、凭证不全或表一检查项目任何一项判别为"N"的车辆,应告知委托方,不需继续进行技术鉴定和价值评估(司法机关委托等特殊要求的除外)。

发现法定证明、凭证不全,或者表4-1中第1项、第4～8项任意一项判断为"N"的车辆,应及时报告公安机关等执法部门。

3. 签订委托书

对相关证照齐全、表4-1中检查项目全部判别为"Y"的,或者司法机关委托等特殊要求的车辆,签署二手车鉴定评估委托书。

4. 登记基本信息

登记车辆使用性质信息,明确营运与非营运车辆;登记车辆基本情况信息,包括车辆类别、名称、型号、生产厂家、初次登记日期、表征行驶里程等。如果表征行驶里程与实际车况明显不符,应在《二手车鉴定评估报告》或《二手车技术状况表》中有关技术缺陷描述时予以注明。

5. 判别事故车

参照车体部位,检查车辆外观,判别车辆是否发生过碰撞、火烧,确定车体结构是否完好无损或者有事故痕迹。使用漆面厚度检测设备配合对车体结构部件进行检测;使用车辆结构尺寸检测工具或设备检测车体左右的对称性。对车体状态进行缺陷描述。当表4-2中任何一个检查项目存在缺陷时,则判别该车为事故车(事故车的车辆技术鉴定和价值评估不在《规范》的范围之内)。

车体部位代码表　　　　　　　　　　　　　　　　表4-2

序 号	检 查 项 目	序 号	检 查 项 目
1	车体左右对称性	8	左前纵梁
2	左A柱	9	右前纵梁
3	左B柱	10	左前减振器悬挂部位
4	左C柱	11	右前减振器悬挂部位
5	右A柱	12	左后减振器悬挂部位
6	右B柱	13	右后减振器悬挂部位
7	右C柱		

6. 鉴定车辆技术状况

按照车身、发动机舱、驾驶舱、起动、路试、底盘等项目顺序检查车辆技术状况。根据检查结果确定车辆技术状况的分值。总分值为各个鉴定项目分值累加,即鉴定总分 = ∑项目分值,满分100分。

7. 车辆主要部位代码对应表

为便于规范二手车的检查和技术鉴定,《规范》设置了车身外观部位代码对应表、车辆技术状况等级分值对应表以及车辆各项检查的项目作业表。

8. 拍摄车辆照片

1）外观图片

分别从车辆左前部与右后部45°拍摄外观图片各1张。拍摄外观破损部位带标尺的正面图片1张。

2）驾驶舱图片

分别拍摄仪表台操纵杆、前排座椅、后排座椅正面图片各1张，拍摄破损部位带标尺的正面图片1张。

3）发动机舱图片

拍摄发动机舱图片1张。

9. 评估车辆价值

按照车辆有关情况，确立估值方法，并对车辆价值进行估算。《规范》根据我国二手车市场的实际状况，简化了车辆价值评估的方法，确定了估值方法选用原则：一般情况下，推荐选用现行市价法；在无参照物、无法使用现行市价法的情况下，选用重置成本法。

10. 撰写及出具鉴定评估报告

根据车辆技术状况鉴定等级和价值评估结果等情况，撰写《二手车鉴定评估报告》，做到内容完整、客观、准确，书写工整。按委托书要求及时向客户出具《二手车鉴定评估报告》，并由鉴定评估人与复核人签章、鉴定评估机构加盖公章。

11. 归档工作底稿

将《二手车鉴定评估报告》及其附件与工作底稿独立汇编成册，存档备查。档案保存一般不低于5年；鉴定评估目的涉及财产纠纷的，其档案至少应当保存10年；法律法规另有规定的，从其规定。

二手车鉴定评估机构经营管理

1. 合法经营

二手车鉴定评估机构应当有规范的名称、组织机构、固定场所和章程，遵守国家有关法律、法规及行规行约，客观公正地开展二手车鉴定评估业务。

2. 阳光经营

在经营场所明显位置悬挂二手车鉴定评估机构核准证书和营业执照等证照，张贴二手车鉴定评估流程和收费标准。

3. 遵守职业道德

二手车鉴定评估人员应严格遵守职业道德、职业操守和执业规范。

4. 遵循鉴定评估原则

开展二手车鉴定评估活动应坚持客观、独立、公正、科学的原则，按照关联回避原则，回避与本机构、评估人有关联的当事人委托的鉴定评估业务。

5. 考核提升

建立内部培训考核制度，保证鉴定评估人员职业素质和鉴定评估工作质量。

6. 完善档案管理

建立和完善二手车鉴定评估档案制度，并根据评估对象及有关保密要求，合理确定适宜的建档内容、档案查阅范围和保管期限。

第二节 二手车鉴定评估的基本概念

一、二手车鉴定评估的基本概念

二手车鉴定评估是指依法设立具有执业资质的汽车鉴定评估机构和汽车鉴定评估人员，按照特定的目的，遵循法定或公允的标准和程序，运用科学的鉴定方法，对二手车进行手续检查、技术鉴定和价格估算的过程。做好机动车鉴定评估工作，不仅有利于保障司法诉讼和行政执法等活动的顺利进行，有利于维护公民的合法权益，而且对维护正常的社会经济秩序和促进经济发展具有重要意义。

1. 二手车评估

二手车评估是由专业评估机构参与，其专业车辆评估人员，根据车辆的使用年限(已使用年限)、行驶公里数、总体车况和事故记录等进行系统的勘察和评估，折算车辆的成新率，再按照该车的市场销售状况等，提出基本参考价格，通过计算机系统的运算，并打印"车辆评估书"，由评估机构的二手车鉴定评估人员签章后生效，作为车辆交易的参考和依法纳税的依据之一。

2. 二手车评估的意义

二手车评估的目的是正确反映机动车的价值量及其变动,为将要发生的经济行为提供公平的价格尺度。二手车评估包括:为买卖双方成交提供参考价格;为拍卖车辆提供拍卖参考底价等。

二手车交易评估的意义主要是:客观反映车辆的使用情况以及车辆存在的各种缺陷,为二手车交易双方提供二手车的基本技术状况。通过对二手车的技术评估,防止走私车辆、非法拼装车辆、盗抢车辆等不法车辆以及报废车辆进入二手车交易市场。根据二手车技术评估结论,确定二手车的等级,使二手车评估结论更公正、公平、合理、更接近市场,被社会各方所接受。

(二) 二手车评估的作用

二手车评估是为了正确反映机动车的价值量及其变动,为将要发生的经济行为提供公正的价格尺度。其作用有如下几点。

1. 为二手车交易提供价值参考

二手车评估能比较客观地反映二手车价值量,为交易双方的商业收购和销售行为提供一个公平的价格尺度,使交易双方在一定的范围进行洽谈。

2. 为交易管理部门收费管理提供依据

按照有关规定,二手车成交后,二手车交易市场按成交价收取一定的管理费。在实际操作过程中,成交价较难掌握,而且成交价是以二手车评估作为基础的。因此,一般可以二手车评估价作为收取交易管理费的计费依据。

3. 为二手车交易交纳税金提供计税依据

按照国家税收政策规定,二手车销售活动中,以交易成交价的2%交纳增值税。同样,二手车评估价可替代交易成交价,作为国家税务部门二手车交易的计税依据。

4. 为二手车按揭贷款提供服务

随着国民收入不断提高,人们的消费观念发生变化,私人拥有汽车已成现实。很多人通过银行按揭贷款购买汽车。由于二手车的价格没有新车那么明确,银行对二手车的放贷很困难,它必须先确定二手车的价格,再根据情况进行放贷。二手车鉴定评估可根据银行金融系统需求,为银行金融系统开展二手车贷款业务提供服务。

5. 为各有关部门提供二手车交易数量、金额等资料

二手车评估可根据需要向有关部门以及社会各方提供或公布二手车评估的信息资料,如二手车评估数量、评估金额、评估车辆类型分类、评估车辆品牌所占的比例,以及经过整理计算的价格指数等,为有关部门的决策工作,以及社会各方开展二手车买卖业务提供服务。

二手车鉴定评估机构的设立

1. 二手车鉴定评估机构的设立条件与办理手续

(1)二手车鉴定评估机构的设立条件。二手车鉴定评估机构是独立的中介机构;必须有固定的经营场所和从事经营活动的必要设施;有3名以上从事二手车鉴定评估业务的专业人员;有规范的规章制度。

(2)设立二手车鉴定评估机构应办理的手续。申请人向拟设立二手车鉴定评估机构所在地省级商务主管部门提出书面申请,并提交符合《二手车流通管理办法》第九条规定的相关材料。省级商务主管部门自收到全部申请材料之日起20个工作日内作出是否予以核准的决定,对予以核准的,颁发《二手车鉴定评估机构核准书》;不予核准的,应当说明理由。申请人持《二手车鉴定评估机构核准书》到工商行政管理部门办理登记手续。

2. 外商二手车鉴定评估机构的设立条件与办理手续

外商投资设立二手车交易市场、经销企业、经纪机构、鉴定评估机构的申请人,应当分别持《二手车流通管理办法》第八条、第九条规定和《外商投资商业领域管理办法》、有关外商投资法律规定的相关材料报省级商务主管部门。省级商务主管部门进行初审后,自收到全部申请材料之日起一个月内上报国务院商务主管部门。合资中有国家计划单列企业集团的,可直接将申请材料报送国务院商务主管部门。国务院商务主管部门自收到全部申请材料三个月内会同国务院工商行政管理部门,作出是否予以批准的决定。对予以批准的,颁发或者换发《外商投资企业批准证书》;不予批准的,应当说明理由。

申请人持《外商投资企业批准证书》到工商行政管理部门办理登记手续。

设立二手车拍卖企业(含外商投资二手车拍卖企业)应当符合《中华人民共和国拍卖法》和《拍卖管理办法》有关规定,并按《拍卖管理办法》规定的程序

办理。

外资并购二手车交易市场和经营主体及已设立的外商投资企业增加二手车经营范围的,应当按《二手车流通管理办法》第十一条、第十二条规定的程序办理。

3. 二手车鉴定评估的主体

二手车鉴定评估的主体是指二手车鉴定评估业务的承担者,即从事二手车鉴定评估的机构及专业鉴定评估人员。

二手车鉴定评估从业人员必须具备的条件有:掌握一定的二手车鉴定评估业务理论;熟悉并掌握二手车鉴定评估的基本原理和方法;具有一定的政策水平,熟悉并掌握国家颁布的与二手车交易有关的政策、法规、行业管理制度及有关技术标准;具有一定的二手车专业知识和实际的检测技能,能够借助必要的检测工具,对二手车的技术状况进行准确的判断和鉴定;具有收集、分析和运用信息资料的能力及掌握一定的评估技巧;具备经济预测、财务会计、市场、金融、物价、法律等知识;具有良好的职业道德,遵纪守法、公正廉明,保证汽车评估质量。二手车鉴定评估人员必须经过严格的考试或考核,取得国家人力资源和社会保障部颁发的《旧机动车鉴定、二手车鉴定评估人员》证书。

4. 二手车鉴定评估的客体

二手车鉴定评估的客体是指待评估的车辆,它是鉴定评估的具体对象。

按照车辆的用途,可以将机动车辆分为营运车辆(公路客运、公交客运、出租客运、旅游客运、货运和租赁等)、非营运车辆和特种车辆(警用、消防、救护和工程抢险等)。在评估过程中,合理、科学地对机动车进行分类,有利于评估人员进行信息资料的搜集和应用。如同一种车型,由于其用途不同,车辆在用状态所需要的税费可能就会有较大的差别,其重置成本的构成也往往差异较大。

第三节 二手车鉴定评估的依据和原则

 二手车鉴定评估的主要依据

二手车鉴定评估依据是指二手车鉴定评估工作所遵循的法律、法规、经济行为文件、合同协议以及收费标准和其他参考依据。二手车鉴定评估必须有科学依据,这样才能得出较正确的结论。二手车鉴定评估的主要依据包括以下几项。

1. 理论依据

二手车评估的理论依据是资产评估学,包括资产评估的基础理论及具体评估方法。资产评估是市场经济中非现金类资产交易的基础,它既是一种中介服务,又是二手车鉴定评估人员必须掌握的基础知识。

2. 行为依据

行为依据是指实施二手车评估行为的行业依据,一般包括经济行为成立的有关决议文件以及评估当事方的评估业务委托书,主要是指二手车鉴定评估委托书。

3. 政策法律依据

二手车鉴定评估的政策性强,国家对此发布了一系列相关法规。二手车评估的法律依据是指二手车评估必须遵循的法律法规、相关政策、标准和规范,主要包括《国有资产评估管理办法》《汽车报废标准》《中华人民共和国机动车登记规定》《关于规范二手车评估工作的通知》《汽车报废管理办法》《汽车产业发展政策》《二手车流通管理办法》《机动车运行安全技术条件》《二手车鉴定评估技术规范》等。

4. 产权依据

产权依据是指表明机动车权属证明的文件,主要是指《机动车登记证书》。

5. 取价依据

取价依据是指实施二手车评估的机构或人员,在评估工作中直接或间接地取得或使用对二手车评估有借鉴或佐证作用的资料。一是历史依据,主要是原车辆的账面原值、净值等资料,它具有一定的客观性,但不能作为评估的直接依据;二是现实依据,在评估二手车价值时以评估基准日这一时点现实条件为准,即现时的价格、现时的车辆功能状态等。二手车的取价依据就其内容分类主要包括价格资料和技术资料两类。

(1)价格资料。价格资料包括二手车整车销售价格、易损零部件价格、车辆精品装备价格、维修工时定额和维修价格资料;国家税费征收标准、车辆价格指数变化、各品牌车型残值率等资料。这方面的资料可以通过专业网站、品牌4S店等渠道获得。

(2)技术资料。技术资料包括机动车的技术参数,新产品、新技术、新结构的变化;车辆故障的表面现象与差别;车辆维修工艺及国家有关技术标准等资料。这方面的资料也可以通过专业网站、品牌4S店等渠道获得。

 二手车鉴定评估的原则

二手车鉴定评估的原则是针对二手车鉴定评估行为的规范。为了保证鉴定评估结果真实、准确,并做到公平合理,被社会承认,就必须遵循一定的原则。

二手车鉴定评估的主要原则包括:公平性原则、独立性原则、客观性原则、科学性原则、专业性原则、可行性原则。

1. 公平性原则

公平、公正、公开是汽车鉴定评估机构和工作人员应遵守的一项最基本的道德规范。公平性原则要求鉴定评估人员的思想作风、态度应当公正无私,评估结果应该是公道、合理的,而绝不能偏向任何一方。

2. 独立性原则

贯彻独立性原则,一是要求二手车鉴定评估机构和工作人员应该依据国家的法规、规章制度及可靠的资料数据,对被评估的汽车价格独立地作出评估结论,且不受外界干扰和委托者的意图影响,保持独立公正;二是评估行为对于委托当事人应具有非利害和非利益关系。评估机构必须是独立的评估中介机构,评估人员必须与评估对象的利益涉及者没有任何利益关系。决不能既从事交易服务经营,又从事交易评估。

3. 客观性原则

客观性原则是指评估结果应以充分的事实为依据。在鉴定评估过程中,二手车计算所依据的数据、资料必须是真实的,评估人员对车辆技术状况的鉴定分析应该是实事求是的。

4. 科学性原则

科学性原则是指二手车鉴定评估机构和人员运用科学的方法、程序、技术标准和工作方案开展活动。在评估时必须根据评估的特定目的,选择适用的评估标准和方法,使评估结果准确合理。

5. 专业性原则

专业性原则要求二手车鉴定评估人员接受国家专门的职业培训,经职业技能鉴定合格后由国家统一颁发执业证书,持证上岗。

6. 可行性原则

可行性原则是指二手车鉴定评估的有效性,要求鉴定评估人员经过我国相关职业技能鉴定部门鉴定合格的,具有较高的素质;而且评估中利用的数据、资料是真实可靠的;鉴定评估的程序与方法是合法、科学的;鉴定评估的结果是符合市场需求的。

第四节 二手车鉴定评估的程序

一 二手车鉴定评估的特点

二手车作为生产和消费领域的一种特殊资产,其鉴定评估的特点如下。

1. 二手车鉴定评估以技术鉴定为基础

机动车辆本身具有较强的工程技术特点,其技术含量较高。机动车辆在长期的使用过程中,由于机件的摩擦和自然力的作用,处于不断磨损的过程中。随着使用里程和使用年数的增加,车辆实体的损耗加剧;其损耗程度的大小,因使用强度、使用条件、维修水平等不同而差异很大。因此,评定车辆实物和价值状况,往往需要通过技术检测等手段来鉴定其损耗程度。

2. 二手车鉴定评估都以单"台"为评估对象

二手车单位价值相差大、规格型号多、车辆结构差异大,二手车鉴定评估一般以单台车辆为评估对象。为了保证评估质量,对于单位价值大的车辆,还可能分部件进行鉴定评估。

3. 二手车鉴定评估要考虑手续构成的价值

由于国家对车辆实行"户籍"管理,使用税费附加值高。因此,对二手车进行鉴定评估时,除了估算其实体价值以外,还要考虑由"户籍"管理手续和各种使用税费构成的价值。

二 二手车鉴定评估的目的和任务

二手车鉴定评估的目的是正确反映机动车的价值量及其变动情况,为将要发生的经济行为提供公平的价格尺度。在接受车辆评估委托时,明确车辆的评估目的十分重要。对车辆的鉴定评估是一种市场价格的评估,所以对于客户提出不同的委托目的,有不同的评估方法。

1. 确定二手车交易的成交额

二手车在交易市场上进行买卖时,买卖双方对二手车交易价格的期望是不同的,甚至相差甚远。因此需要鉴定评估人员站在公正、独立的立场对被交易的二手车辆进行鉴定评估,评估的价格作为买卖双方成交的参考底价。

2. 车辆的转籍、过户

二手车辆的转籍、过户可能因为交易行为或其他经济行为而发生。如单位和个人以其所拥有的机动车辆来偿还其债务时双方对车辆的价值有异议,也需要委托二手车鉴定评估人员对有关车辆的价值进行评定估算。否则,车辆无法转籍和过户。

3. 抵押贷款

银行为了确保放贷安全,要求贷款人以机动车辆作为贷款抵押物。放贷者为回收贷款安全起见,要对二手车辆进行鉴定评估。而这种贷款的安全性在一定程度上取决于对抵押物评估的准确性。

4. 法律诉讼咨询服务

当事人遇到机动车辆诉讼时,委托二手车鉴定评估人员对车辆进行评估,有助于把握事实真相;同时,法院判决时,可以依据二手车鉴定评估人员的结论为法院司法裁定提供现时价值依据。

5. 车辆拍卖

对于公务车辆、执法机关罚没车辆、抵押车辆、企业清算车辆、海关获得的抵税和放弃车辆等,都需要对车辆进行鉴定评估,以在预期之日为拍卖车辆提供拍卖底价。

6. 车辆置换

车辆置换业务,一种是以旧换新业务,另一种是以旧换旧业务。这两种情况都会涉及对置换车辆的鉴定评估。对机动车辆评估结果的公平与否,直接关系置换双方的利益。

7. 车辆保险

在对车辆进行投保时,所缴纳的保费高低与车辆本身的价值大小直接相关。

同样,当保险车辆发生保险事故时,保险公司需要对事故车辆进行理赔。为了保障保险双方的利益,需要对核保理赔的车辆进行公平的鉴定评估。

8. 担保

担保是指车辆所有人,以其拥有的机动车辆为其他单位或个人的经济行为提供担保并承担连带责任的行为。担保车辆价值的确定,需要对车辆进行公平的鉴定评估。

9. 典当

当典当双方对典当车辆的价值预期有较大的悬殊时,为了保障典当业务的正常进行,可以委托二手车鉴定评估人员对典当车辆的价值进行评估,典当行可以此作为放款的依据。对于典当车辆的处理,同样也需要委托二手车鉴定评估人员为其提供鉴定评估服务。

10. 司法鉴定

司法鉴定按性质的不同可分为刑事案件和民事案件。刑事案件一般是指盗抢车辆、走私车辆、受贿车辆等,其委托方一般是指国家司法机关和行政机关,其委托目的是取证;民事案件是指法院执行阶段的各种车辆,其委托方一般是人民法院,委托目的是案件执行需要进行抵债变现。上述两种情况都要求鉴定评估人员对车辆进行评估,有助于把握事实的真相,确保司法公正,因此要求很高。

三 二手车鉴定评估的步骤

二手车评估是一个专业评估领域,具有情况复杂、作业量大等特点。所以在二手车鉴定评估过程中,严格遵循二手车鉴定评估的程序是保证鉴定评估工作科学性的重要条件。规范的鉴定评估可减少鉴定评估人员在操作时的随意性和个性化问题,从而降低由于鉴定评估人员素质不同给鉴定工作所带来的影响。在二手车鉴定评估实践中,一般按照以下步骤进行操作。

1. 收集和整理有关资料

在进行评估时,主要应收集整理以下几方面的资料:

(1)反映待评估车辆情况的资料,包括车辆的原价、同行价、折旧、净值、预计使用年限、已使用年限、车辆型号、完好率。

(2)证明待评估车辆合法性的有关资料,如车辆的购车发票、行驶证、号牌、运输证、准运证以及各种车辆税费、杂费的缴纳凭证等。

2. 设计评估方案

设计评估方案是对车辆评估的实施所进行的周密计划、有序安排的过程,其主要内容包括:整理委托方提供的有关资料,向委托方了解车辆的有关情况;根据车主的评估目的,确定计价标准和评估方法,拟订具体的工作步骤和作业进度,确定评估基准日和具体的日常安排;设计并印制评估所需要的各类表格。

3. 对汽车进行现场检查和技术鉴定

由二手车评估人员和专业技术人员对汽车的技术性能、结构状况、运行维护和完好程度进行鉴定,结合功能性损耗、经济性损耗等因素,作出技术鉴定。评估人员应根据汽车的技术鉴定结论,在工作现场对被评估车辆作出成新率的判断。完成车辆成新率的鉴定工作,是完成车辆现场检查工作的一个重要标志。

4. 评定与估算

继续收集所欠缺的资料,对所收集的数据资料进行整理。根据已确定的评估价格标准和评估计算方法,对车辆进行评估,确定评估结果。

5. 核对评估值,撰写评估报告

对汽车评估的各主要参数及计算过程进行核对,在确认评估结果准确无误的基础上,填写评估报表,撰写评估报告。

思考与练习

1. 汽车评估的核心内容是什么?
2. 汽车评估有哪些要素?
3. 汽车评估有哪些依据?
4. 汽车评估的原则是什么?
5. 详细描述汽车评估的基本程序和工作步骤。

第五章

二手车手续检查与交易咨询

通过本章的学习,你应能:
1. 叙述二手车有哪些合法凭证;
2. 知道二手车交易与评估的手续;
3. 分析二手车交易过程中的注意事项;
4. 正确完成二手车评估的交易过程。

第一节 二手车合法凭证的检查

 二手车评估的特点

二手车作为一类资产,有别于其他类型的资产,有其自身的特点,主要包括以下几项:
(1)单位价值较大,使用时间较长;
(2)工程技术性强;
(3)使用强度、使用条件和维护水平差异大;
(4)使用管理严格,各项税费附加值高。
二手车固有的特点决定了二手车评估的特点。二手车评估对象必须以具有合法手续为前提,二手车评估必须以单辆车技术鉴定为基础,二手车评估要考虑其手续构成的价值。

 二手车评估的手续检查

二手车评估的手续检查是指检查汽车上路行驶时是否具有国家法规和地方

法规规定应该办理的各项有效证件和应该交纳的各项税费凭证。二手车属特殊商品,它的价值包括车辆实体本身的有形价值和以各项手续构成的无形价值,只有这些手续齐全,才能发挥机动车辆的实际效用,才能办理正常的过户、转籍,才能构成车辆的全价值。没有合法手续的汽车不是二手车鉴定估价师的评估对象。

二手车评估手续检查的内容包括如下几项。

1. 机动车的主要证件

机动车的主要证件包括机动车来历凭证、机动车行驶证、机动车登记证书、机动车号牌、道路运输证和机动车安全技术检验合格标志等法定证件。

1)机动车来历凭证

在国内购买的机动车,其来历凭证是全国统一的机动车销售发票或者二手车销售发票;在国外购买的机动车,其来历凭证是该车销售单位开具的销售发票及其翻译文本。

人民法院调解、裁定或者判决转移的机动车,其来历凭证是人民法院出具的已经生效的《调解书》《裁定书》或者《判决书》以及相应的《协助执行通知书》。仲裁机构仲裁裁决转移的机动车,其来历凭证是《仲裁裁决书》和人民法院出具的《协助执行通知书》。

继承、赠予、中奖和协议抵偿债务的机动车,其来历凭证是继承、赠予、中奖和协议抵偿债务的相关文书和公证机关出具的《公证书》。

资产重组或者资产整体买卖中包含的机动车,其来历凭证是资产主管部门的批准文件。

国家机关统一采购并调拨到下属单位未注册登记的机动车,其来历凭证是全国统一的机动车销售发票和该部门出具的调拨证明。

国家机关已注册登记并调拨到下属单位的机动车,其来历凭证是该部门出具的调拨证明。

经公安机关破案发还的被盗抢且已向原机动车所有人理赔完毕的机动车,其来历凭证是保险公司出具的《权益转让证明书》。

更换发动机、车身、车架的来历凭证,是销售单位或者修理单位开具的发票。

2)机动车行驶证

《机动车行驶证》是由公安车辆管理机关依法对车辆进行注册登记核发的证件,它是机动车取得合法行驶权的凭证。《中华人民共和国道路交通管理条例》规定,机动车行驶证是车辆上路行驶必需的证件;《中华人民共和国机动车登记管理办法》规定,机动车行驶证是二手车过户、转籍必不可少的证件。

3)机动车登记证书

根据2001年10月1日起实施的《中华人民共和国机动车登记办法》,在我国境内道路上行驶的机动车,应当按规定经机动车登记机构办理登记,核发机动车号牌、《机动车行驶证》和《机动车登记证书》。

机动车所有人申请办理机动车各项登记业务时均应出具《机动车登记证书》;当登记信息发生变动时,机动车所有人应当及时到车辆管理所办理相关手续;当机动车所有权转移时,原机动车所有人应当将《机动车登记证书》随车交给现机动车所有人。目前,《机动车登记证书》还可以作为有效资产证明,到银行办理抵押贷款。

《机动车登记证书》同时也是机动车的"户口本",所有机动车的详细信息及机动车所有人的资料都记载在上面,证书上所记载的原始信息发生变化时,机动车所有人应携《机动车登记证书》到车辆管理所做变更登记。这样,"户口本"上就有机动车从"生"到"死"的一套完整记录。

公安车辆管理部门是《机动车登记证书》的核发单位。凡2001年10月1日之后新购机动车,都随车办好了证书,凡2001年10月1日之前购车未办领《机动车登记证书》的机动车所有者,必须补办《机动车登记证书》。

《机动车登记证书》是二手车评估人员必须认真查验的手续,《机动车登记证书》与《机动车行驶证》相比,内容更详细,一些评估参数必须从《机动车登记证书》中获取,如使用性质的确定等。

4)机动车号牌

机动车号牌是由公安车辆管理机关依法对机动车进行注册登记核发的号牌,它和《机动车行驶证》一同核发,其号码与行驶证应该一致。机动车号牌是机动车取得合法行驶权的标志。《中华人民共和国道路交通管理条例》规定,机动车号牌不得转借、涂改、伪造。

机动车号牌有两种类型,即"九二"式和"二〇〇二"式号牌。"二〇〇二"式号牌仅在北京等几个城市应用,且数量少,已不再核发。目前广泛采用的是"九二"式号牌。"九二"式号牌是按中华人民共和国公共安全行业标准《中华人民共和国机动车号牌》(GA 36—1992)规定制作的。

5)道路运输证

道路运输证是县级以上人民政府交通主管部门设置的道路运输管理机构向

从事旅客运输(包括城市出租客运)、货物运输的单位和个人核发的随车携带的证件,营运车辆转籍过户时,应到运管机构及相关部门办理营运过户有关手续。

6)准运证

准运证是广东、福建、海南三省口岸进口并需运出三省,以及三省从其他口岸进口需销往外省市的进口新旧汽车,必须经国家内贸局审批核发的证件。准运证一辆一证,不能一证多车。

2. 身份证明

身份证明即买卖双方证明或居民身份证。这些证件主要是向注册登记机关证明机动车所有权转移所必需的车主身份证明和住址证明。

3. 二手车的税费缴纳凭证

(1)车辆购置税缴费凭证。国务院于1985年4月2日发文,决定对所有购置车辆的单位和个人,包括国家机关和单位一律征收车辆购置税。已经缴纳车辆购置税的车辆进行二手车交易,必须出示车辆购置税缴费凭证。除国家规定可以免交购置税的车辆外,漏交购置税的车辆必须补交车辆购置税。

(2)机动车辆保险费缴费凭证。保险费是为了防止机动车辆发生意外事故,避免用户发生较大损失而向保险公司所交付的费用。车辆保险险种有车辆损失险、第三者责任险、车辆风窗玻璃单独破碎险、乘客意外伤害责任险、驾驶员意外伤害责任险和机动车辆盗抢险等。其中,第三者责任险是强制性的,必须投保。车辆损失险和机动车辆盗抢险两种应重点投保。机动车辆保险证是车辆投保的凭证。

(3)车船使用税纳税凭证。国务院于1986年发布的《中华人民共和国车船使用税暂行条例》规定,凡在中华人民共和国境内拥有车船的单位和个人,都应该依照规定缴纳车船使用税,这项税收按年征收,分期缴纳。车船税纳税记录卡是车辆缴纳车船使用税的凭证。

(4)公路养路费缴纳证明。公路养路费是过去交通管理部门规定车辆所有者在使用车辆所占道路应交的费用。它是国家按照"以路养路,专款专用"的原则,规定由交通管理部门向有车单位或个人征收的用于养路和改善公路的专项事业费。向缴纳养路费的车辆发放养路费缴讫证,免征的车辆也要有免缴证。我国1997年7月3日颁布的《中华人民共和国公路法》规定,公路养路费改以燃油附加费的方式缴纳,目前已经正式执行。

三、检查证件的方法

《二手车流通管理办法》规定,二手车交易必须提供机动车来历凭证、《机动车行驶证》《机动车登记证书》、机动车号牌、道路运输证、机动车安全技术检验合格标志等法定证件。

1. 查验机动车来历凭证

机动车来历凭证除了全国统一的机动车销售发票或者二手车销售发票之外,还有法院《调解书》《裁定书》《判决书》《公证书》《权益转让证明书》《没收走私汽车证明书》《协助执行通知书》《调拨证明》等机动车来历凭证,凡无合法机动车来历凭证者,应认真查验。

2. 查验机动车行驶证

《中华人民共和国机动车登记管理办法》规定,《机动车行驶证》是二手车过户、转籍必不可少的证件,应认真查验,并检查其真伪。识别机动车行驶证的真伪可以通过查看识伪标记;查看车辆彩照与实物是否相符;查看行驶证纸质、印刷质量、字体、字号;查看检验合格章等方面进行。车辆管理机关规定超过两年未检验的车辆按报废处理。因此,二手车评估人员要特别重视行驶证的有效期。

3. 查验《机动车登记证书》

《机动车登记证书》是机动车的"户口本",所有机动车的详细信息及机动车所有人的资料都记载在上面。在二手车评估中,一些评估参数必须从《机动车登记证书》中获取,为此应当详细检查《机动车登记证书》每个项目的内容及其变更情况,并进行认真核对。查验内容包括:核对机动车所有人是否曾为出租公司或租赁公司;核对登记日期和出厂日期是否时间跨度很大;核对进口车是海关进口或海关罚没;核对使用性质是非营运、营运、租赁或营转非,机动车使用性质主要有公路客运、公交客运、出租客运、旅游客运、租赁、货运、非营运、警用、消防、救护、工程抢险、营转非、出租营转非等多种;核对登记栏内是否注明该车已作抵押;对于货运车辆核对长、宽、高、轮距、轴距、轮胎的规格是否一致;核对钢板弹簧片数是否一致或存在加厚的现象;核对现机动车登记证书持有人与受委托人是否一致等。

4. 查验机动车号牌

机动车号牌的检查主要包括:第一,检验号牌的固封是否完好,有无撬过的痕迹,是否在封帽上打有标志,如北京的应有"京"、江苏的应有"苏"、上海的应有"沪"等;第二,检验号牌有无凹凸不平或褶皱多少,若牌号凹凸不平或褶皱过多,说明该车常发生事故;第三,正常的机动车号牌字体应清楚有立体质感、无补洞等,号牌字体上的荧光漆应清洁、平整、光滑,号牌字体大小一致、间隙匀称,而假冒的号牌在这些方面会有破绽。

5. 查验道路运输证

道路运输证由交通运输部制作,分为正本和副本。正本第一行左上方为运政号;第二行为业户名称;第三行为地址;第四行为车辆行驶证号;第五行为经营许可证号;第六行为车辆类型;第七行为吨(座)位;第八行为经营范围;第九行为经济类型;第十行为企业经营资质等级;第十一行为备注;第十二行为核发机关和日期;第十三行为审验有效期。副本作为查扣及代理记载依据之用,与道路运输证同时生效的还有公路运输管理费缴讫证。对于道路运输证上的暗花数字和注明的项目应一一核对,并验证道路运输管理证件专用章,以上字体应清楚,缴纳规费的类型应与车辆核定载质量(货车)或人数(轿车)一致。

6. 查验营运证

对于营运车,应查验营运证。营运证分为客运营运证和货运营运证两种。客运营运证由客运管理处监督管理,货运营运证由交通运输管理部门监督管理。从事营运车辆的驾驶员必须持有交通运输管理部门培训合格后颁发的道路运输上岗证。车辆必须持有营运证才能上路营运,否则是违法行为。营运证是国家为了保护人民生命财产安全和规范道路运输市场秩序而产生的。营运证是一车一证,严禁套用、转借,遗失须申报补办手续。

7. 查验机动车安全技术检验合格标志

机动车检验合格标志是机动车安全技术符合行驶要求的重要证明。机动车检验合格标志贴在机动车前风窗玻璃右上角。

第二节 二手车交易与评估手续

《机动车登记规定》规范了二手车交易过户、转籍登记行为,全国车辆管理机关在执行这一法定程序时,由于各地区情况不一,在执行时根据实际情况略有变化。对二手车鉴定评估人员来说,除了掌握二手车交易过户、转籍的办理程序以外,还有必要熟悉新机动车牌号、行驶证的核发程序。

一 过户类交易需提供的材料

1. 过户类交易需提交的证件和材料

过户类交易所递交的证件和材料有很强的针对性,不同产权归属,要求也不尽一致,一般要求二手车所有人或委托代理人应递交下列证件和材料:

(1)机动车行驶证。

(2)机动车登记证书。

(3)机动车注册/转入登记表(副表)。

(4)机动车过户、转入、转出登记申请表。

(5)现机动车所有人身份证明原件和复印件(企事业单位需提供《组织机构代码证》和 IC 卡,个人需提供户口簿和身份证);外省(市)居民凭住满一年以上的《暂住证》,外籍人士凭《居留证》,香港、澳门特别行政区的居民凭《暂住证》,台湾居民凭《台湾居民来往大陆通行证》等的原件和复印件;军人凭中国人民解放军或中国人民武装警察部队核发的军人身份证件及团以上单位出具的本人所住地址证明的原件和复印件。

(6)机动车照片。

(7)机动车来历凭证。机动车来历证明可以来自以下各个方面:二手车销售发票或二手车中介/服务业发票;人民法院调解、裁定或裁决所有权转移的车辆,应出具已经生效的《调解书》《裁定书》或《裁决书》,及相应的《协助执行通知书》原件和复印件;仲裁机构裁决的所有权转移的车辆,应出具已经生效的《仲裁裁决书》和人民法院出具的《协助执行通知书》原件和复印件;继承、赠予、协议抵债的车辆,应提供相应文件和公证机关的《公证书》原件和复印件;国家机关已注册登记并调拨到下属单位的车辆,应出具该部门的调拨证明;资产重组或者资产整体买卖中包含的机动车,其来历凭证是资产主管部门的批准文件;过入方为机关、事业单位的还须提供《车辆编制证》。

(8)已封袋的《机动车登记业务流程记录单》。

(9)出让方填写的机动车基本情况"承诺书"。

(10)二手车鉴定评估报告书。

2. 过户类交易材料受理注意事项

(1)香港、澳门特别行政区居民的"Z"字号牌转入和外国人的外籍号牌,以及领事馆号牌转入,需提供《中华人民共和国海关监管车辆解除监管证明书》或车辆管理所出具的《联系单》。

(2)公务车自初次登记之日起满三年方可办理过户;未满三年办理过户的,须由过入方提供上牌额度,日期按《机动车行驶证》上载明的初次登记日期计算。

(3)留学回国人员和特批的自备车、摩托车,自初次登记之日起满五年方可办理过户,未满五年办理过户手续的,须由过入方提供上牌额度,日期按《机动车行驶证》上载明的初次登记日期计算。

(4)企事业单位的车辆自初次登记之日起满两年方可过户给个人,未满两年的,须由过入方提供上牌额度,日期按《机动车行驶证》上载明的初次登记日期计算。

(5)公安系统"警"字号牌车辆过户,须经市公安局后保部装备处批准。

转出(转籍)类交易需提供的材料

1. 转出(转籍)类交易应当提交的证件和材料

转出(转籍)类交易所递交的证件、牌证和材料,应严格按照《机动车登记规定》中相关规定办理。因为全国有统一的车辆和车辆档案的接收标准,如有不符则有可能被退档,它要求机动车所有人或委托代理人递交下列材料:

(1)机动车行驶证。

(2)机动车登记证书。

(3)机动车注册/转入登记表(副表)。

(4)机动车过户、转入、转出登记申请表。

(5)机动车转籍更新申请表、机动车退牌更新申请表、机动车置换(过户、转籍)联系单。

(6)机动车号牌(退牌、置换车辆除外)。

(7)机动车照片。

(8)海关监管车辆,应出具《中华人民共和国海关车辆解除监管证明书》或车辆管理所出具的《联系单》。

(9)现机动车所有人身份证明原件和复印件[个人凭外省(市)居民身份证、企事业单位凭外省(市)组织机构代码证和介绍信]。

(10)机动车来历凭证。

2. 转出（转籍）类交易注意事项

(1)非标准改装的机动车,且没有《机动车登记证书》的,不得受理。

(2)对转入地车辆管理部门有特殊要求的,如不符合当地规定的排放标准、退役营运车或使用年限超过五年的不准上牌的外省(市)车辆,不得受理。

(3)超过使用年限或者有其他约定的,不得受理。

(4)定期检验期失效的(人民法院调解、裁定或裁决,仲裁机构裁决的除外,但须检验合格后办理),不得受理。

(5)品牌、型号、规格、结构不符合国家颁布的公告、目录的,不得受理。

(6)抵押、查封或司法保全的车辆,在计算机系统和纸质档案中注明"不准过户"的,不得受理。

(7)海关监管且未解除监管的车辆,不得受理。

三、机动车退牌需提供的材料

办理机动车退牌业务应递交下列材料:《机动车登记证书》《机动车行驶证》;机动车注册/转入登记表(副表);机动车退牌更新申请表;机动车号牌;机动车照片;原机动车所有人身份证明原件和复印件;经驻场民警查验确认的车辆识别代码、发动机号码无凿改嫌疑并在拓印骑缝处签章的《机动车登记业务流程记录单》(装入专用纸袋并密封);海关监管车辆,应出具《中华人民共和国海关车辆解除监管证明书》或车辆管理所出具的《联系单》;代理人身份证明。

四、机动车上牌（新车）需提供的材料

机动车上牌(新车)是指在二手车交易市场内为收旧供新的车辆或经车辆管理所授权的汽车销售公司出售的新车上牌照,范围是那些厂牌型号经认定获免检资质的新车。应递交材料包括:机动车来历凭证(经市公安局车辆管理所档案科备案,可在二手车交易市场上牌的全国统一机动车销售发票);整车出厂合格证;机动车注册/登记申请表;机动车所有人的身份证明(企事业单位凭《组织机构代码证》和IC卡,个人凭户口簿、身份证等);车辆购置税纳税证明;由代理人申请注册登记的,须提供代理人的身份证明原件和复印件;经驻场警官查验确认的车辆识别代号(发动机号、车架号)与其拓印相一致,并已在《机动车登记业

务流程记录单》拓印骑缝处盖章生效;第三者责任险凭证。

机动车上牌(二手车)需提供的材料

机动车上牌(二手车)是指在二手车交易市场内,为被经营公司退牌停搁的二手车,落实客户后需上牌的车辆上牌照。需递交的材料如下:二手车经营公司开具的销售发票;机动车注册/登记申请表;现机动车所有人的身份证明(企事业单位凭《组织机构代码证》和IC卡,个人凭户口簿、身份证等);经驻场警官查验确认的车辆识别代号(发动机号、车架号)无凿改嫌疑,并与其拓印相一致,在《机动车登记业务流程记录单》的拓印骑缝处盖章生效(并装袋密封);经驻场警官签章的《机动车退牌更新申请表》;车辆购置税确认单。

第三节 二手车交易与评估咨询

业务洽谈

业务洽谈是二手车评估的第一项工作,是一项重要的日常工作,也是企业生存的基础。业务洽谈工作的好坏直接影响二手车评估机构的形象、信誉和业务发展,鉴定评估人员应该重视并做好业务洽谈工作。

与客户进行业务洽谈的主要内容有车主基本情况、车辆情况、委托评估的意向、时间要求等。通过业务洽谈,鉴定评估人员应该初步了解下述情况。

1. 车主单位(或个人)的基本情况

车主即机动车所有人,指车辆所有权的单位或个人。了解车主单位(或个人)的基本情况是顺利进行业务洽谈的前提条件。要了解车主单位(或个人)的基本情况,必须首先了解洽谈的客人是车主还是委托代理人,以确定其是否有权处理车辆;其次要了解车主的个性特征,以便进行有效沟通。

2. 评估目的

评估目的是评估所服务的经济行为的具体类型。只有明确了评估目的,才能选择计算标准和评估方法。一般来说,委托二手车交易市场评估的大多数是属于交易类业务,车主要求鉴定评估的目的大都是作为买卖双方成交的参考底价。但是,也有一些评估的目的,并不是为了交易,例如为了清算、抵押等。

3. 评估对象及其基本情况

评估对象及其基本情况包括以下几项:

(1) 评估车辆类别。明确评估二手车是属于汽车、拖拉机,还是摩托车。

(2) 车辆基本信息。包括机动车的名称、型号、生产厂家、燃料种类、出厂日期、初次注册登记的日期、已使用年限、行驶里程、机动车来历,车辆牌证发放地、机动车的使用性质,各种证件税费证明是否齐全,是否已经进行年检和缴纳保险。

(3) 事故情况。了解评估车辆有无发生过事故,事故的位置、更换的主要部件和总成情况。

(4) 现时技术状况。了解发动机异响、排烟、动力、行驶等情况,了解车辆有无大修及大修次数等。

(5) 选装件情况。了解车辆是否加装音响、真皮座椅、桃木内饰等选装件与基本配置的差异等。

只有在摸清上述基本情况后,才能作出是否接受委托的决定。如果不能接受委托,应该说明原因;如果客户有不清楚的地方,应该提供咨询,耐心给予解答和指导;如果接受委托,应当认真签订二手车评估委托书,着手进行二手车评估。

 洽谈礼仪

1. 语言礼仪

语言是人类进行信息交流的符号系统。狭义的语言指由文字的形、音、义构成的人工符号系统;广义的语言包括一切起沟通作用的信息载体:说话、写字、距离、手势、眼神、体态、表情等。谈判的语言能充分反映一个人的能力、修养和素质。注意语言礼仪不仅在于语言本身,而且与人的态度密切相关,只有把客户放到重要的位置上,并用心聆听,语言沟通才能达到预期的目的。

2. 服装礼仪

鉴定评估人员在接待与拜访客户时,应当做到形象得体、举止适度、尊重客户,使双方关系在洽谈开始时就步入正轨。要做到形象得体,鉴定评估人员必须注意衣着、装饰、化妆、整洁等方面的问题。

3. 电话交流礼仪

电话可以将必要的信息准确、迅速地传给对方。真诚、愉快的电话交谈可增进与客户的关系,电话交流的质量是赢得客户的重要保证。

电话交流应当注意以下要点:

(1)电话交谈时,应端正姿势,不要吃东西或嚼口香糖,敷衍客户。

(2)准备记事本和笔放在电话机旁,以便及时记下通话要点。

(3)问候客户,使用礼貌词语,并注意用简短语言说明问题。

(4)对来电问询不能回答时,不要简单地将电话转来转去,一开始就要确定将电话直接转给谁。

(5)通电话时,要注意语速,比当面谈话说得慢些、清楚些。

(6)请教客户姓名,通话时尽可能多地称呼对方。

(7)通话时不要与身旁的人谈不相干的事。

接电话和打电话的程序可以参照表5-1和表5-2执行。

接 电 话 程 序 表　　　　　　　　　　　　　　　表5-1

步　骤	要　点	常用接听电话语言
1.拿起电话机,以端正的姿势和语态接听	准备好记事本和笔;电话响铃时拿起听筒	对你正在接待的客户说:"对不起,我先接个电话"
2.问候,自我介绍	先报公司名称,然后报自己的姓名;告诉对方可以为他提供帮助	您好。这是××公司,我是××。能为您做点什么吗?对不起,让您久等了。我是前几天为您服务的××。能为您做什么吗
3.辨认对方	如对方未报姓名,主动询问	对不起,请问您是哪位
4.仔细听对方讲话	务必要做笔记;不时插入"是的"或"我明白",表示你在倾听	很乐意为您的车子做鉴定评估。请说车型、年款、初次登记日期……对,请接着说

续上表

步　骤	要　点	常用接听电话语言
5.重复对方的讲话	总结笔记中的重点,确认已记下所有重要信息	××先生(小姐),我确认一下。我们定在××时候……您的电话是××,对吧
6.再次告诉客户你的姓名	再次提及你的姓名,可以加深客户印象,认为这个人会关心他	谢谢您的预约。请记住我叫××。请您来到时找我
7.挂断电话之前向对方致谢	不要在对方挂断电话之前先挂电话	谢谢您的来电

打电话程序表　　　　　表5-2

步　骤	要　点	常用拨打电话语言
1.打电话之前的准备工作——主题、客户、姓名、电话号码	拟订通话提纲。准备必需的文件。通话时要保持良好的姿势	您好,我是××,是这次负责您的……鉴定评估人员
2.拨号。如有人回答,要向他(她)问好并作自我介绍	确认没有拨错电话	您好,我叫××,是××公司的鉴定评估人员。请问××先生(小姐)在吗
3.辨认答话的人	感谢客户惠顾	谢谢您今早惠顾本公司
4.询问客户能否抽空接听电话	—	我打电话是要告诉您……我可以耽误您几分钟解释一下吗
5.说要说的事	—	我们没有发现您的汽车保险单,请提供给我们

续上表

步 骤	要 点	常用拨打电话语言
6.确认客户已明白你的解释	简明扼要	我希望您能理解进行车辆路试检查的必要性,您同意对您的车进行路试吗
7.重述要点	归纳协议要点	该车的估价为××,交易时间定为××
8.再次提及你的姓名并感谢客户	再次提及你的姓名以明确你的职责	您来时请找我。我叫××,是××公司的鉴定评估人员。谢谢您,×先生(小姐)
9.挂断电话	不要在客户挂断电话之前挂断电话	—

思考与练习

1. 鉴定评估人员与车主进行评估业务洽谈时,应了解哪些车辆信息?

2. 机动车的主要证件包括哪些?哪个证件是机动车合法行驶资格的法定证件?

3. 机动车来历凭证包括哪些?如何识伪?

4. 机动车登记证书有何作用?为什么从2001年10月1日起在我国境内道路上行驶的机动车,必须办理《机动车登记证书》?

5. 简述机动车号牌的类型及"九二"式号牌的规格尺寸、颜色和适用范围。

6. 如何进行机动车行驶证的识伪检验?

7. 如何查验机动车登记证书?

8. 如何进行机动车号牌的识伪查验?

9. 机动车主要税费凭证包括哪些?

10. 机动车为何要进行保险?有哪些主要险种?

第六章

二手车技术状况鉴定

 学习目标

通过本章的学习,你应能:
1. 叙述二手车技术鉴定的主要内容;
2. 知道静态检查和动态检查的技术项目;
3. 分析在动态检查过程中出现的技术问题;
4. 正确运用静态、动态以及结合仪器来完成对二手车技术状况的鉴定。

第一节 二手车静态检查

二手车技术状况鉴定是二手车鉴定评估的基础与关键,其鉴定方法主要有三种(图6-1)。其中,静态检查是指二手车在静态情况下,根据二手车评估人员的技能和经验,用简单的工量具,对二手车技术状况进行检查。

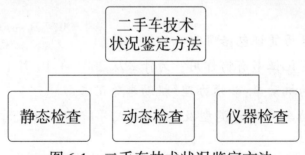

图6-1 二手车技术状况鉴定方法

 静态检查所需的工具和用品

1. 笔和纸

笔和纸用于记录鉴定过程中的一些主要内容。

2. 一只手电筒

手电筒用于鉴定检查过程中的暗处照明。

3. 一块擦布

擦布用于擦手或擦零部件。

4. 一大块旧毛毯或帆布

旧毛毯或帆布用于检查人员需要躺在车底时做铺垫。

5. 一把卷尺或小直(钢)尺

卷尺或小直(钢)尺用于测量车辆和车轮罩之间的距离。

6. 一盘盒式录音带和一张光盘

盒式录音带和光盘用于测试磁带录放机和CD唱机。

7. 一个小型工具箱

小型工具箱里面应该装有成套套筒棘轮扳手、一把火花塞筒扳手、各种旋具（俗称螺丝刀）、一把尖嘴钳子和一个轮胎撬棒，用于某些部件的拆装和检查。

8. 一块小磁铁

小磁铁用于检查车身油漆、腻子的厚度，以便发现维修痕迹。

9. 一只万用表

万用表用于电气设备的检查测试。

 静态检查的主要内容

二手车的静态检查主要包括识伪检查和外观检查两大部分。其中，识伪检查主要包括鉴别走私车辆、拼装车辆和盗抢车辆等工作；外观检查包括鉴别事故车辆、检查发动机舱、车舱、行李舱和车身底部等工作(图6-2)。

 识伪检查的工作流程

1. 鉴别走私和拼装车辆

走私车辆是指没有通过国家正常渠道进口的，并未完税的进口车辆。拼装车辆是指一些不法厂商和不法商人为了牟取暴利，非法组织生产、拼装，无产品合格证的假冒、低劣汽车。

```
         ┌ 识伪检查 ┌ 鉴别走私车辆
         │         │ 鉴别拼装车辆
         │         └ 鉴别盗抢车辆
静态检查 │
         │         ┌ 鉴别事故车辆：包括碰撞、水淹、火灾等事故
         │         │ 检查发动机舱：包括机体外观、冷却系统、润滑系统、点火系
         │         │              统、供油系统、进气系统等
         │         │ 检查车舱：包括驾驶操纵机构、开关、仪表、报警灯、内饰件、
         └ 外观检查 │          座椅、电气部件等
                   │ 检查行李舱：行李舱锁、气压减振器、防水密封条、备用轮胎、
                   │            随车工具、门控开关等
                   └ 检查车身底部：包括泄露、排气系统、转向机构、悬架、传动
                                  轴等
```

图6-2　二手车静态检查的主要内容

这些汽车有些是境外整车切割，境内焊接拼装车辆；有些是进口汽车散件，国内拼装的国外品牌汽车；有些是国内零配件拼装的国内品牌汽车；有些是旧车拼装车辆，即两辆或者几辆拼装成一辆汽车；也有的甚至是国产或进口零配件拼装的杂牌汽车。

这些走私、拼装车辆，有的技术状况较好，符合国家有关机动车行驶标准和要求，已经由国家有关执法部门处理，通过拍卖等方式，取得合法地位，并已在公安车辆管理部门注册登记上牌。这些二手车可以交易，但在评估价格上应低于正常状态的车辆。另一种走私、拼装车辆情况是无牌、无证的非法车辆，不但不能交易，而且应当给予罚没。

2. 鉴别走私、拼装车辆的方法

（1）查档案。通过公安车辆管理部门的车辆档案资料，查找车辆来源信息，确定车辆的合法性及来源情况，这是一种最直接有效的判别方法。

（2）查证明。查验二手车的汽车产品合格证、维护手册，对进口车必须查验进口产品商验证明书和商验标志。

（3）查外观。检查二手车外观，查看车身全部是否有重新做漆的痕迹，特别是顶部下沿部位；查看车身的曲线部位线条是否流畅，尤其是小曲线部位；查看门柱和车架部分是否有焊接的痕迹；查看车门、发动机罩、行李舱盖与车身的接

合缝隙是否整齐、均衡。

（4）查内饰。检查内部装饰材料是否平整、内部装饰压条边沿部分是否有明显的手指印或有其他工具碾压后留下的痕迹，因为车顶部装饰材料或多或少都会留下被弄脏后的痕迹。

（5）查结构。打开发动机罩，检查发动机和其他零部件是否有拆卸后重新安装的痕迹、是否有旧零部件或缺少的零部件；查看电线、管路布置是否有条理、安装是否平整；核对发动机号码和车辆识别代码（车架号码）字体和部位。

3. 鉴别盗抢车辆

此部分内容已在本书第三章中讲解。

外观检查的工作流程

1. 事故车的检查

（1）事故车的定义。事故车是指在使用中，曾经发生过严重碰撞、长时间泡水或较严重过火，虽经修复并在使用，但仍存在安全隐患的车辆。

（2）事故车的专业检查。凡是发生严重碰撞、泡水、过火的事故车，到二手车市场进行评估交易之前，都要经过汽车修理厂的恢复和修理。非专业人士一般检查不出这是事故车，车主也不会"自报其短"，而必须由训练有素的专业人士仔细认真地检查和分析判断才能做出正确的结论。

2. 碰撞事故车的鉴定方法

（1）检查车辆的周正情况。站在车的前部观察车身各部的周正、对称状况，特别注意观察车身各接缝，若出现不直、缝隙大小不一、线条弯曲、装饰条有脱落或新旧不一的情况，说明该车可能出现过事故或修理过。

方法一：从汽车的前面走出 5~6m，蹲下沿着轮胎和汽车的外表面向下看汽车的两侧，在两侧前、后车轮应该排成一线（图6-3）。然后走到汽车后面进行同样的观察，前轮和后轮应该仍然成一条直线。如果不是这样，则说明车架或整体车身发生了弯曲变形，即使左侧前、后轮和右侧前、后轮互成一条直线，但如果一侧车轮比另一侧车轮更远离车身，则汽车已发生过碰撞事故。

方法二：蹲在前车轮附近，检查车轮后面的空间，即车轮后面与车轮罩后缘之间的距离，用直尺测量这段距离；再转到另一前轮，测量车轮后面和车轮罩后缘之间的距离，该距离应该和另一前轮大致相同（图6-4）。如果发现左前轮或左后轮和它们的轮罩之间距离与右前或右后轮的相应距离大有不同,则车架或整体车身发生了弯曲变形。

图 6-3　检测汽车两侧的前、后轮是否在同一直线上

图 6-4　测量每个车轮与车轮罩之间的距离

(2) 检查油漆脱落情况。

方法一:查看排气管、镶条、窗户四周和轮胎等处是否有多余油漆。如果有,则说明该车已做漆或翻新。用一块磁铁沿车身周围移动,若遇到磁力突然减小,说明该局部进行过补灰做漆工作(图6-5)。

图 6-5　用软磁铁检查油漆表面的吸力

方法二:用手敲击车身时,若敲击声发脆,说明车身没有进行过补灰做漆工作;若敲击声沉闷,则说明车身曾进行过补灰做漆工作。

方法三:如果发现新漆的迹象,则查找车身有无制造不良的现象或金属抛光的痕迹。

沿车身查找是否有像波状、非线性翼子板或后顶盖侧板那样的不规则板材。如果发现车身制造或面板、车门、发动机罩、行李舱盖等配合不好,汽车可能已经遭受碰撞。

(3)检查底盘线束及其连接情况。未发生事故的车辆在正常情况下,其连接部件应配合良好,车身没有多余焊缝,线束、仪表部件等应安装整齐,新旧程度接近。因此在检查车辆底盘时,应认真观察车底是否漏水、漏油、漏气,锈蚀程度与车体上部检查的是否相符,是否有焊接痕迹,车辆转向节臂、转向横直拉杆及球销有无裂纹和损伤,球销是否松旷,连接是否牢固可靠,车辆车架是否有弯、扭、裂、断、锈蚀等损伤,螺栓、铆钉是否齐全、紧固,车辆前后是否有变形、裂纹。固定在车身上的线束是否整齐,新旧程度是否一致,这些都可以作为判断车辆是否发生过事故的线索。

3. 泡水车的鉴定方法

泡水车一般是指全泡车,也叫"灭顶车"。全泡车是指泡水时,水线超过发动机罩,水线达到前风窗玻璃的下沿,整个发动机舱都浸泡在水中,绝大部分电气设备、仪表都被水浸泡,这样当然会造成严重后果。泡水对电气设备危害最大,而且难以清洁。气门和空气滤清器等处都会进水,进而危害发动机汽缸内部,造成锈蚀,不可小视。

4. 过火车辆的鉴定方法

无论是自燃还是外燃,只要在发动机舱或车厢发生严重火烧、燃烧面积较大和机件损坏较严重的汽车,就应列为过火车辆。火烧是严重事故,经火烧后,机件很难修复。

汽车过火的地方比较容易辨认,过火并烧毁较严重的金属,会出现像排气歧管一样的颜色。凡是燃烧面积较大、燃烧时间较长和过火严重的车,修复起来很困难,因为过火的机件、金属变脆,内部金相组织发生变化,不能继续使用,否则就会导致事故频发,所以过火车辆一般应作报废处理,不能再使用。

但对于局部着火,过火的只是个别的非主要零部件,并在极短的时间内熄灭,主要机件未受到影响的,经修复换件后,不能算过火车辆。

5. 检查发动机舱

(1)检查发动机开关。检查发动机开关开启与关闭是否灵活。

(2)检查发动机舱清洁情况。打开发动机罩,观察发动机表面是否清洁、有无油污及锈蚀,是否有零部件损坏或遗失,导线、电缆、真空管等接触处是否松动。

如果发动机上堆满灰尘,说明该车的日常维护不到位。

(3)检查发动机铭牌和排放信息标牌。首先,查看发动机上有无汽车铭牌(图6-6)。如果有,检查上面是否有发动机型号、出厂日期、出厂编号、主要性能指标等,这可以判别发动机是不是正品。

其次,查看排放信息标牌。排放信息标牌应该在发动机罩下的适当位置或在风扇罩上。这在发动机诊断或调整时需要。

(4)检查发动机冷却系统。发动机冷却系统对发动机有很大影响,应仔细检查发动机冷却系统相关零部件,主要检查冷却液、散热器、水管、风扇传动带、冷却风扇等。

①检查冷却液。检查储液罐里的冷却液,冷却液应该清洁,液面在"满"与"低"标记之间(图6-7)。冷却液颜色应呈现浅绿色或红色。冷却液闻起来不应该有汽油或机油味,如果有,则发动机汽缸垫可能已被烧坏。

图6-6 汽车铭牌

图6-7 查看冷却液液面

②检查水管。用手用力挤压水管,看软管表面是否有裂纹或鼓起,是否锈蚀,特别是连接水泵、节温器壳或进气歧管的软管处(图6-8)。

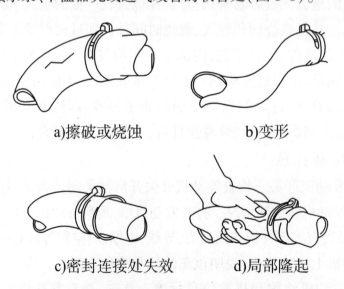

a)擦破或烧蚀　　　　b)变形

c)密封连接处失效　　d)局部隆起

图6-8 冷却系统软管损坏的几种情况

③检查散热器风扇传动带。用手电筒照亮相关部位,仔细检查传动带的外部,查看是否有裂纹或传动带层片是否脱落。应该检查传动带与皮带轮接触的工作区是否磨亮。如果磨亮,则说明传动带已经打滑。传动带磨损、磨光或打滑可能引起尖叫声,使蓄电池充电不足,甚至产生过热现象(图6-9)。

④检查冷却风扇。检查冷却风扇叶片是否变形或损坏,若叶片变形损坏,则其排风量会相应减少,影响发动机冷却效果,使发动机温度升高。

(5)检查发动机润滑系统。发动机润滑系统的作用是对发动机各个运动部件进行润滑,使其发挥最大的性能。若发动机润滑系统不良,则会严重影响发动机的使用寿命和价值,所以应仔细检查,主要检查机油质量、机油泄漏、机油滤清器等。

图6-9　检查风扇传动带的内侧

检查机油的步骤如下:

①找到机油口盖。对直列四缸、五缸或六缸发动机,其机油口盖在气门室盖上。对于纵向安装的V6或V8发动机,机油口盖在其中一个气门室盖上。如果发动机横向安装,机油口盖一定在前面的气门室盖上。一些老式车的机油口盖上有一根通向空气滤清器壳体的曲轴箱强制通风过滤器软管;新式车机油口盖上没有软管但有清晰的标记。在拧开机油口盖之前,一定要保证开口周围区域干净,防止灰尘进入而污染发动机。

②打开机油口盖。拧下机油口盖,观察背面,可以看到机油的牌号。通常,卖主将二手车开到车市之前,常常已经更换过机油。在机油口盖的底部可以看到旧油甚至脏油痕迹,这是正常的,不正常的是机油口盖底面有一层黏稠的浅棕色乳状物(图6-10),还可能有油与油污混合的小水滴。这种情况表明,冷却液已经通过损坏的衬垫或者汽缸盖、汽缸体裂纹进入机油中。不管是哪种情况,如果汽车不进行大修就不能开得很远或者根本不能使用。被冷却液污染的机油,在短时间内会对发动机零部件造成危害,这种修理通常成本较高,如果情况很严重或者对此不注意,可能造成发动机需要全面大修。

③检查机油质量。取一片洁净白纸,在纸上滴下一滴机油(图6-11)。如果在用的机油中间黑点里有较多的硬沥青质及炭粒等,表明机油滤清器的滤清作用不良,但并不说明机油已变质;如果黑点较大,且油是黑褐色、均匀无颗粒,黑点与周围的黄色油迹界限清晰,有明显的分界线,则说明其中洁净分散剂已经失

效,表明机油已经变质。

图 6-10　机油口盖浅棕色乳状物

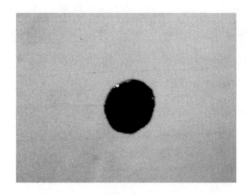

图 6-11　滴在纸上的机油

机油变质的原因有很多,如机油使用时间过长(一般在车辆行驶 5000km 时,应更换机油),或发动机缸磨损严重,使燃烧废气进入油底壳,造成机油污染。

④检查机油气味。拔下机油尺,闻一下机油尺上的机油有无异味。若有汽油味,则说明机油中混入了汽油,汽车在混合气过浓的情况下运行。发动机在此条件下长时间运转会使其远在寿命期未到达之前就已经磨损,因为未稀释的燃油会冲刷掉汽缸壁上的机油膜。当拿出量油尺时,应仔细检查。如果使用放大镜,则可以做近距离的检查,查看是否有污垢或金属粒。检查量油尺自身的颜色,如果发动机曾严重过热,量油尺会变色。

⑤检查机油液位。起动发动机之前或停机 30min 以后,打开发动机罩,抽出机油尺,将机油尺用抹布擦干净后,插入机油尺导孔,再拔出查看(图 6-12)。油位应在上下刻线之间。若机油液位低于下刻线,应检查是否有异常消耗或泄漏现象。

图 6-12　用机油尺查看机油液位

检查机油滤清器的方法是:用专用工具拆下机油滤清器,观察机油滤清器有无裂纹,密封圈是否完好,机油质量是否符合要求。

检查 PCV 阀的方法是:从气门室盖拔出 PCV 阀并晃动,它应顺利地发出"咔嗒"声。若 PCV 阀充满油污并不能顺利地发出"咔嗒"声,说明发动机机油和滤清器没有经常更换,此时需要更换新的 PCV 阀。

机油泄漏是一种常见现象。检查机油是否泄漏主要的部位是:气门室盖、汽缸垫、油底壳垫、曲轴前后油封、油底壳放油螺塞、机油滤清器、机油散热器的机油管、机油散热器、机油压力感应塞。

（6）检查点火系统。点火系统工作性能的好坏直接影响发动机的动力性和经济性，对点火系统的检查主要是检查蓄电池（图6-13）、点火线圈、高压线、分电器、火花塞（图6-14）等零件的外观性能。具体的检查内容包括：检查蓄电池标牌，看蓄电池是否为原装；检查蓄电池表面的清洁程度；检查蓄电池托架或蓄电池安装箱是否有严重腐蚀的迹象；检查高压线；检查分电器；检查火花塞；检查点火线圈，观察点火线圈外壳有无破裂。

图6-13　检查蓄电池的表面情况　　图6-14　检查火花塞的燃烧情况

（7）检查燃油泄漏。检查燃油泄漏包括以下几项：

①查找进气歧管上残留的燃油污迹，并仔细观察通向燃油喷射装置的燃油管和软管。对化油器式发动机，查看燃油泵本身（通常安装在前方底部附近）的接头周围或垫片处有无泄漏的迹象。对于所有车型，要注意发动机罩下的燃油气味或行驶过程中的燃油气味。有燃油味通常暗示燃油泄漏。

②检查汽油管路，发动机供油系统有进油管路和回油管路，要检查油管是否老化。

③检查燃油滤清器，燃油滤清器一般在汽车行驶5万km后需更换一次，如果这辆车已接近这一里程且燃油滤清器看起来和底盘的其他部件一样脏，可能燃油滤清器还没有更换过。

（8）检查发动机进气系统。发动机进气系统性能的好坏，尤其是混合气浓度的控制对发动机工作性能影响很大。因此应仔细检查发动机进气系统，包括以下几项：

①检查进气软管。进气软管一般采用波纹管，如果进气软管出现老化变形、变硬、有损坏或烧坏痕迹，表明进气软管需要更换。如果进气软管光亮如初，则可能喷过防护剂喷射液，应仔细检查，以防必须更换的零部件被遗漏。

②检查真空软管。首先用手挤压真空软管，它们应该富有弹性，而不是又硬

又脆。如果在检查时,塑料T形管接头破碎或裂开,则需要更换。在检查真空软管的同时,应注意真空软管管路布置。查看软管是否像原来出厂时那样的整齐排列,是否有软管从零件上明显拔出、堵住或夹断。这些现象能反映软管是否有人动过,或者车主可能隐瞒了某些不能工作的系统或部件。

③检查空气滤清器。空气滤清器用于清除空气中的灰尘等杂物。若空气滤清器过脏,会减少发动机进气量,影响发动机的动力。所以应拆开空气滤清器,检查空气滤芯,观察其清洁情况。

④检查节气门拉线。检查节气门拉线是否有阻滞、毛刺等现象。

(9)检查机体附件。检查机体附件包括以下几项:

①检查发动机支脚。检查发动机支脚减振垫是否有裂纹,若有损坏,则发动机振动强烈,导致使用寿命急剧下降。

②检查正时带。轿车上凸轮轴一般采用齿形带来驱动。齿形带噪声小且不需润滑,但耐用性不及链条驱动。

③拆下正时带罩,如有必要,使用一个手电筒,仔细检查齿形带内、外两侧(图6-15)有无裂纹、缺齿、磨损等现象。若有,表明此车行驶了相当长的里程。

图6-15 检查齿形带

④检查发动机各种传动带传动附件的支架和调节装置是否松动,有无螺栓丢失或有无裂纹等现象。支架断裂或松动可能引起风扇、动力转向泵、水泵、交流发电机和空调压缩机等附件运转失调,从而导致传动带丢失,甚至造成提前损坏。

(10)检查发动机舱内其他部件。发动机舱内其他部件的检查包括以下几项:

①检查制动主缸及制动液。检查制动主缸是否锈蚀或变色(通常可以在发动机舱壁处看到,如图6-16所示),制动主缸锈蚀和变色表明制动器出现故障,或是主缸盖橡胶垫泄漏,或是制动液经常添加过多使一些油液漏在系统上造成锈蚀。主缸中的制动液应该十分清澈,如果呈糊状,说明系统中有锈,需要全面冲洗,重新加注新制动液并放气。对任何一种主缸,都要检查制动液。如果制动液颜色深,

图6-16 检查制动主缸

说明油液使用时间已很久或被污染。另外还要检查制动液液位是否正常。液位低预示着制动衬片或摩擦衬块可能已经磨出沟,此时需检查沟内有无异物。

②检查离合器液压操纵机构。对于大多数配置手动变速器的汽车,离合器采用液压操纵,这意味着在发动机舱壁的某处(通常在制动主缸附近)有一个带有离合器的储液罐。它使用与制动主缸同样的油液,故应该检查油液是否和制动主缸中的油液相同。

③检查继电器盒。许多汽车在发动机舱内有它们的电气系统总继电器盒,它在蓄电池附近或沿着发动机舱壁区域。打开继电器的塑料盖,查看内部,通常在塑料盖内侧有一张图,指明哪一个继电器属于哪一个系统。

④检查发动机线束。查看发动机舱中导线是否擦破或是裸线;导线是否露在保护层外;导线是否固定在导线夹中;导线是否用标准的胶带包裹;是否有外加导线。有胶带或外加导线可能预示着早期的线路问题,或预示着安装了一些业余附件,例如立体声收音机、附件驱动装置或雾灯、民用频带收音机或防盗报警器等。这些附件如果是专业安装,通常导线线路和线束整齐,固定在原来的线束卡或线束中,使用的是非焊接的卷边接头,而不是绝缘胶带。

6. 检查车舱

(1) 检查驾驶操纵机构。驾驶操纵机构的检查包括以下几项:

①检查转向盘。将汽车处于直线行驶的位置,左右转动转向盘,最大游动间隙由中间位置向左或向右应不超过15°。如果游动间隙超过标准,说明转向系统的各部件之间间隙过大。另外,两手握住转向盘,将转向盘向上下、前后、左右方向摇动推拉,应无松旷的感觉(图6-17)。如果有松旷的感觉,说明转向器内轴承松旷。

②检查加速踏板。观察加速踏板是否磨损至过度发亮,若磨损严重,说明此车行驶里程已很长。踩下加速踏板,试试踏板有无弹性。若能轻松踩下踏板,说明节气门拉线松弛;若踩下加速踏板较费劲,说明节气门拉线有阻滞、破损现象。

③检查制动踏板。一是检查制动踏板的踏板胶皮是否磨损过度,通常制动踏板胶皮寿命是3万km左右。如果更换了新的制动踏板,说明此车已经行驶了3万km以上。二是用手轻压制动踏板,自由行程应在10~20mm范围内(图6-18),若超过该范围,则应调整踏板自由行程;踩下制动踏板全程时,检查制动踏板与地板之间应有一定的距离。踩下液压制动系统的制动踏板时,踏板反应要适当,过软说明制动系统有故障。另外,空气制动系统气路中的工作气压必须符合规定。

图6-17　检查转向盘

图6-18　检查制动踏板自由行程

④检查离合器踏板。一是检查离合器踏板的踏板胶皮是否磨损过度，如果已更换了新的踏板胶皮，说明此车已行驶了3万km以上；二是轻轻踩下或用手推下离合器踏板，试一试踏板有没有自由行程（图6-19），离合器踏板的自由行程一般在30～45mm。如果没有自由行程或自由行程过小，会引起离合器打滑。如果踩下离合器踏板几乎接触板底时才能分离离合器，说明离合器踏板自由行程过大，可能是离合器摩擦片或分离轴承磨损严重。

图6-19　检查离合器踏板自由行程

⑤检查驻车制动器操纵杆。放松驻车制动器操纵杆，再拉紧驻车制动器操纵杆，检查驻车制动器操纵杆是否灵活（图6-20），锁止机构是否正常。大多数驻车制动器拉杆拉起时应发出五六次"咔嗒"声后使后轮制动。发出多次"咔嗒"声后不能拉起制动杆可能是由于太紧的缘故。另外，踏板操纵的驻车制动器释放机构实施后轮制动时，也应发出五六次"咔嗒"声。如果用踏板操纵的驻车制动器系统施加制动时，发出更多或更少次"咔嗒"声，则须对驻车制动器进一步检查。

⑥检查变速器操纵杆。一是用手握住变速器操纵杆球头，根据挡位图，逐一将变速器换至各个挡位，检查变速器换挡操纵机构是否灵活（图6-21）；二是观察变速器操纵机构防护罩是否破损，若有破损，异物（如硬币）就有可能掉入换挡操纵机构内，引起换挡阻滞，所以必须更换。

（2）检查开关。车上一般有点火开关、转向灯开关、车灯总开关、变光开关、刮水器开关、电喇叭开关等。分别依次开启这些开关,检查这些开关是否完好,能否正常工作。

图 6-20　检查驻车制动器操纵杆　　图 6-21　检查变速器操纵杆

（3）检查仪表。汽车一般设有气压表、车速里程表、燃油表、机油压力表(或机油压力指示器)、水温表、电流表等仪表。应分别检查这些仪表能否正常工作,有无缺失或损坏。

（4）检查指示灯或警报灯。汽车上有很多指示灯或警报灯,如制动警报灯、机油压力警报灯、充电指示灯、远光指示灯、转向指示灯、燃油残量指示灯、驻车制动指示灯等,应分别检查这些指示灯或警报灯能否正常工作。

新型轿车上采用了大量的电子控制设备,这些电子控制设备均设有故障灯。当这些灯亮时,表明此电子控制系统有故障,需要维修,因此应特别注意检查。汽车上电子控制设备主要故障灯有发动机故障灯、自动变速器故障灯、ABS(防抱死制动系统)故障灯、SRS(安全气囊系统)故障灯、电控悬架故障灯等。

电控系统的故障灯一般设在仪表盘上,其检查方法是打开点火开关,观察这些故障灯是否亮 3s 后自动熄灭。若 3s 内自动熄灭,则表明此电子控制系统自检通过,系统正常;若 3s 内没有熄灭,或根本就不亮,说明此电子控制系统自检不通过,系统有故障。由于电控系统的故障较复杂,对汽车的价格影响很大,若有故障,应借助于专用诊断仪来检查故障原因,以此判断系统的故障位置,确定其维修价格。

（5）检查座椅。检查座椅罩是否撕破或裂开、有无油迹等;检查座椅前后是否灵活,能否固定;检查座椅高低能否调节及座椅后倾调节角度;检查所有座椅安全带数量正确、在合适位置并工作可靠。当坐在座椅上,如果感到座椅弹簧松弛,弹力不足,说明行车繁忙,车辆已行驶了很长里程。

(6)检查地毯和地板垫。掀起车内的地板垫或地毯,检查是否有霉味,是否有湿气或锈蚀污染的痕迹;检查地板垫或地毯底下是否有水,如果水的气味像防冻液,则散热器芯子可能发生泄漏(图6-22)。汽车浸泡后也可能出现车身地板变湿或生锈。如果汽车已经浸泡,应在装饰板上查找高水位标记,如果水位达到车门装饰板一半以上,损坏可能性要比单纯生锈更大且更严重。因为发动机控制单元、电动车窗电动机、电动座椅电动机及其他电气装置往往位于车身地板或前车门踢脚板处,如果发现地板上有被水浸泡的迹象,则这些电气电子部件就会受损,汽车的价值就要大打折扣。

图6-22　检查地毯和地板垫

(7)检查杂物箱和托架。一般汽车内设有杂物箱和托架,用以放置汽车维修手册等物件。所以检查内饰的最后重要事项是仔细查看杂物箱和托架。

(8)检查电气设备。车内电气设备众多,进行电气设备的检查要特别仔细。其主要包括以下几项:

图6-23　检查刮水器和风窗玻璃洗涤器

①检查刮水器和风窗玻璃洗涤器(图6-23)。打开刮水器和风窗玻璃洗涤器,观察风窗玻璃洗涤器能否喷出洗涤液。观察刮水器是否在所有模式下都能正常工作,挂刷是否清洁,刮水器运转是否平稳。刮水器关闭时,刮水片能否自动返回初始位置。

②检查电动车窗(图6-24)和电动外后视镜(图6-25)。按下电动车窗开关,检查各车窗升降器能否平稳、安静工作,有无卡滞现象,各车窗能否升起和落下。按下电动外后视镜开关上的"UP"(上升)按钮,然后再按"DOWN"(下降)按钮,检查后视镜能否平衡先向上移动,再向下移动。按下电动外后视镜开关上的"LEFT"(向左)按钮,再按下"RIGHT"(向右)按钮,检查电动后视镜能否平衡先向左移动,再向右移动。

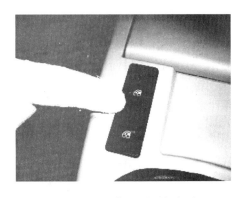 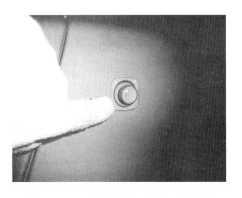

图 6-24　检查电动车窗　　　　图 6-25　检查电动外后视镜

③检查电动门锁。如果汽车有电动门锁,试用一下。确保从外面能打开所有门锁(但注意试的时候不要把钥匙锁在车里)。同时,确保操作门锁按钮能使所有车门开锁,再从外面试试看(图 6-26)。

④检查点烟器。按下点烟器,观察点烟器能否正常工作(图 6-27)。点烟器插座是许多附件共用的插座,如电动剃刀、冷却器、收音机等。点烟器不能工作可能说明其电路有故障或者只是熔丝烧断。

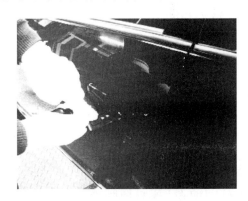 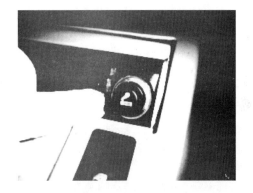

图 6-26　检查电动门锁　　　　图 6-27　检查点烟器

⑤检查收音机和音响。用一盘盒式录音带和一张 CD 唱片来检查磁带机和音响系统,检查磁带机或 CD 机能否正常工作,音质是否清晰。打开收音机开关,检查收音机能否工作。应在发动机运转时倾听音响系统或收音机,检查有无发动机电器系统干扰,或由于天线的松动、断裂引起信号的接收不良(图 6-28)。

⑥检查电动天线。如果汽车安装了电动天线,当打开点火开关后或按下天线按钮,天线应能自动升高和降低,否则电动天线需要更换。

⑦检查电动天窗(图 6-29)。如果有电动天窗,检查一下操作是否平稳,关

闭时是否密封良好。打开天窗时，检查轨道上是否有漏水的痕迹，这是天窗的典型问题，特别是在二手车上。如果天窗上有玻璃板或塑料板，查看玻璃板或塑料板是否清洁并且有无裂纹。许多天窗上有遮阳板，当不想让阳光射进来时，可以向前滑动或转动从内部遮住天窗。要确保遮阳板良好，工作正常。

 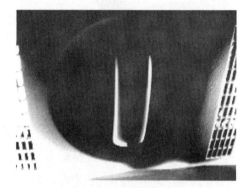

图6-28　检查收音机和音响　　图6-29　检查电动天窗

⑧检查活顶。如果是一辆活顶轿车，即使在冬天，也必须试试顶部机械系统，了解它们是否能正常工作。检查风窗玻璃顶部边缘的锁门是否合适并能安全锁上；车顶降下和升起是否自始至终没有延迟或冲击。大多数活顶轿车有一个乙烯树脂防尘罩（用于保护折叠后的车顶），它在车顶折叠时被装上，要确保随车带有一个防尘罩并处于良好状态。活顶轿车车顶最大的问题是塑料后窗在露天很容易褪色。另外，检查活顶轿车还必须检查车顶上所有可看到的接缝和检查塑料后窗的状况。

⑨检查除雾器。如果汽车配备了后窗除雾器，即使无雾可除，也要试一下。如果系统工作正常的话，打开后窗除雾器几分钟后，后窗玻璃摸上去应该是热的（图6-30）。还须检查暖风器（即使是夏天），并确保风速开关在所有速度挡都能正常工作。试试风窗玻璃除霜器位置并在风窗玻璃底部感受一下热空气。如果没有热气，可能意味着除霜器导管丢失或破裂。

图6-30　检查除雾器

⑩检查防盗报警器。一些汽车上加装了防盗报警器，应检查其能否正常工作。先设置报警，然后再振动翼子板，检查防盗报警器能否启动报警，但在检查之前应确保知道如何解除报警。

⑪检查空调鼓风机。打开空调鼓风机,依次将风速开关旋转至不同的速度位置,检查鼓风机是否能正常运转。

⑫检查电动座椅。如果是电动座椅,检查座椅在所有调节方向上能否工作。

7. 检查行李舱

(1)检查行李舱锁。行李舱锁只有用钥匙才能打开,检查行李舱锁有无损坏。

(2)检查气压减振器。一般行李舱采用气体助力支柱,要检查气压减振器能否支撑起行李舱盖的质量。失效虚弱的气压减振器可能使行李舱盖自动倒下,这是相当麻烦甚至很危险的。

(3)检查行李舱开关拉索或电动开关。有些汽车在车厢内部有行李舱开启拉索或电动开关。要确保其能够工作,并能不费劲地打开行李舱盖。

(4)检查防水密封条。行李舱防水密封条对行李舱内部的储物和地板车身的防护十分重要,所以应仔细检查防水密封条有无划痕、损坏脱落。

(5)检查内部的油漆与外部油漆是否一致。

①在打开行李舱后,对内部进行近距离的全面观察,检查油漆是否相配。

②检查行李舱区漆成的颜色是否与外部的颜色相同,行李舱盖底部的颜色是否与外部的颜色相同。

③检查行李舱中喷漆颜色。不相配表明已重喷了便宜漆或者是更换过版面或进行过其他一些碰撞修理。

④查看行李舱盖金属构件、地板垫、后排座椅后的纸板、线路或是尾灯后部地方是否喷漆过多。

(6)检查行李舱地板。拉起行李舱中的橡胶地板垫或地毯,检查地板是否有铁锈、修理和焊接痕迹,或行李舱密封条泄漏引起的发霉迹象(图6-31)。

(7)检查备用轮胎。如果是一辆行驶里程较短的汽车,其备用轮胎应该是新标记,与原车上的标记相同,而不是废品回收站里那种花纹几乎磨光的轮胎(图6-32)。

(8)检查随车工具。设法找到出厂时原装的千斤顶、千斤顶手柄、轮胎螺母拆卸工具、警示牌,检查行李舱内部地板有无损坏的痕迹。检查原装千斤顶的存放处和使用说明,如果轮胎安装在行李舱地板的凹槽内,则凹槽内通常贴有印花纸,它处于行李舱盖下、行李舱壁上或备胎上方的纤维板上。由于一些碰撞修理的结果,这些贴花纸可能已经发暗或丢失。

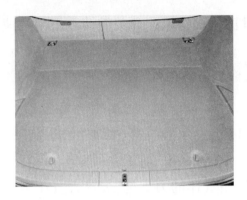 

图 6-31　检查行李舱地板　　　图 6-32　检查备用轮胎

(9) 检查门控灯。行李舱上有一门控灯，当行李舱盖打开时，门控灯应点亮。不亮则说明门控灯或门控灯开关损坏。

(10) 检查行李舱盖的对中性和闭合质量。轻轻按下行李舱盖，不用很大力气就应能关上行李舱盖。对于一些高档轿车，行李舱盖是自动闭合的，不能用力猛关行李舱盖。行李舱盖关闭后，行李舱盖与车身其他部分的缝隙应全部均匀，不能有明显的偏斜现象。

8. 检查车身底部

检查完发动机舱、车舱、行李舱、车身表面等车上部件后，就要进行下一步工作，即检查车身底部。将汽车用举升机举起后，就可对车底各部件进行检查。车主在卖车之前，一般不会对车底部各部件进行维护，所以，车底部各部件的技术状况更能真实地反映出汽车整体的技术状况。这些检查包括以下几项：

(1) 检查泄漏。在汽车底部很容易检查出泄漏源，从车底部可以检查出的泄漏包括冷却液泄漏、机油泄漏、制动液泄漏、变速器油泄漏、转向助力油泄漏、主减速器油泄漏、电控悬架油泄漏、减振器油泄漏、排气泄漏等。

① 检查冷却液泄漏。冷却液泄漏通常从上部最容易看见，但是如果暖风器芯或软管泄漏，液滴只可能出现在汽车下侧，所以应在离合器壳或发动机舱壁周围区域寻找那些冷却液污迹。但应注意的是，空调车通常滴水有时相当多，汽车熄火后，可能还会滴一会儿，这是正常现象。当路试返回并在测试空调时，不要把水滴和冷却液泄漏混淆。来自空调的水是蒸汽凝结成的，无色无味，不像冷却液那样呈绿色(防冻剂的颜色)并有一点甜味。

② 检查机油泄漏。检查油底壳与曲轴箱接合处、油底壳放油螺塞区域是否有泄漏的迹象。行程超过 8 万 km 的汽车有少量污迹是常见的。当泄漏持续很长时间时，行车气流抽吸型通风装置和发动机风扇将把油滴抛到发动机、变速器

或发动机舱壁下部区域,所以严重的泄漏不难发现,除非汽车的下侧最近用蒸汽清洁过。而大多数二手车卖主都不会费力地进行彻底检查,经销商也不会付额外的费用来蒸汽清洁底盘,只清洁打开发动机罩时就能看到的地方。

③检查动力转向油泄漏。在一些汽车上,动力转向液可能看起来像变速器油液泄漏,因为两种油液相似,但是动力转向泵泄漏通常造成的污迹集中在动力转向泵或转向器(或齿条齿轮)本体附近。

④检查变速器油泄漏。对于自动变速器,一般有自动变速器冷却装置,其管道较长,容易出现泄漏。检查方法是,在冷却管路连接到散热器底部的地方查看是否有变速器液泄漏,沿着冷却管路和变速器油盘和变速器后油封周围的区域查看。返回变速器的金属冷却管应该成对布置,有几个金属夹子沿着管路将它们固定,管路不应该悬空。还应该检查是否在某些地方没有切断金属管而用螺栓夹安装橡胶软管作为修理。只有几种具有足够强度和足够耐油耐热的橡胶软管才可以用作变速器油管。像燃油软管那样的常规软管,在短期使用后就可能失效,引起变速器故障。

⑤检查制动液泄漏。诊断前、后制动器是否有制动油液的痕迹。查找制动钳、鼓式制动器后板和轮胎上是否有污迹。从汽车的前部到后部,寻找制动管路中是否有扭结、凹陷或泄漏的痕迹。

⑥检查排气泄漏。排气系统紧固是很重要的,这不仅使汽车行驶时噪声小,而且使驾驶员处于更安全的状态下。但如果排气系统泄漏,CO 流入汽车内部,被驾驶员吸入,这是致命的。可以在汽车路试前,发动机起动时,注意倾听发出声音的一些特定区域,从而判断泄漏来源。排气泄漏通常呈现为白色、浅灰或者黑色条纹。它们可能来自排气管、催化转换器或消声器上的针孔、裂缝或孔洞。特别应注意查看消声器和转换器接缝以及两个管或排气零件的接合处。有排气垫的地方,就有排气泄漏的可能性。

(2)检查排气系统。检查排气系统上的所有吊架是否都在原来位置,且检视是否为原来部件。大多数现代汽车具有带耐热橡胶环形圈的排气管支承,它连接车架支架与排气管支架。当这些装置在一些消声器商店里更换为通用金属带时,排气系统将承受更大的应力并使汽车承受更多的噪声、热量和振动。

检查排气系统零件是否标准,排气尾管是否更换,要确保它们离制动管不能太近。在后轮驱动的汽车上,排气尾管越过后端部,要确保紧靠后桥壳外表的制动钢管没有因为与排气系统上的凸起相遇而压扁(图 6-33)。

(3)检查前、后悬架。

①检查减振弹簧。汽车减振弹簧主要有钢板弹簧和螺旋弹簧两种。对于钢板弹簧,应检查车辆钢板弹簧是否有裂纹、断片和碎片现象;两侧钢板弹簧的厚度、长度、片数、弧度、新旧程度是否相同;钢板弹簧U形螺栓和中心螺栓是否松动;钢板弹簧销与衬套的配合是否松旷。对于螺旋弹簧,应检查其有无裂纹、折断和疲劳失效等现象。螺旋弹簧上、下支座有无变形损坏。

②检查减振器。主要检查4个减振器是否有漏油现象(图6-34)。如果有漏油,说明减振器已失效,需要更换。检查前、后减振器的生产厂家是否一致,减振器上下连接处有无松动、磨损等现象。

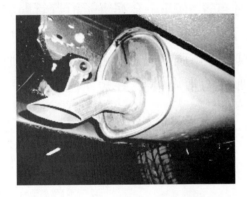
图6-33 检查排气系统

图6-34 检查减振器

③检查稳定杆。稳定杆主要用于前轮,有时也用于后轮,两端固定于悬架控制臂上。其功能是转弯时保持车身平衡,防止汽车侧倾。检查稳定杆关键是看稳定杆有无裂纹,与车身连接处的橡胶衬有无损坏,与左、右悬架控制臂的连接处有无松旷现象。

(4)检查转向机构。汽车转向机构性能的好坏对汽车行驶稳定性有很大影响,因此,应仔细检查转向系统,尤其是转向传动机构。检查转向系统除了检查转向盘自由行程之外,还应仔细检查以下项目:检查转向盘与转向轴的连接部位,转向器垂臂轴与垂臂连接部位,纵、横拉杆球头连接部位,纵、横拉杆臂与转向节的连接部位,转向节与主销之间是否松旷;检查转向节与主销之间是否配合过紧或缺润滑油;纵、横拉杆球头连接部位是否调整过紧或缺润滑油,转向器是否无润滑油或缺润滑油;检查转向轴是否弯曲,其套管是否凹瘪。对于动力转向系统,还应该检查动力转向泵驱动带、转向油泵安装螺栓是否松动;动力转向系统油管及管接头处是否存在损伤或松动等。

(5)检查传动轴。对于后轮驱动的汽车,检查传动轴、中间轴及万向节等处有无裂纹和松动;传动轴是否弯曲、传动轴轴管是否凹陷;万向节轴承是否因磨损而松旷,万向节凸缘盘连接螺栓是否松动等。

对于前轮驱动的汽车,要特别注意等速万向节上的橡胶套。绝大多数汽车的每一侧(左驱动桥和右驱动桥)均有内、外万向节,每一个万向节都是由橡胶套罩住的。它里面填满润滑脂,橡胶套用来保护万向节,避免受到污物、锈蚀和潮气的侵蚀。而更换万向节费用较高,用手弯曲或挤压橡胶套,查找是否有裂纹或擦伤。一个里面已经没有润滑脂的有划痕等速万向节橡胶套是一个信号,说明万向节由于污物和潮气的侵蚀需要立即更换。

(6)检查车轮。它包括检查车轮轮毂轴承是否松旷;检查轮胎磨损情况;检查轮胎花纹磨损深度(图6-35),轿车轮胎胎冠上的花纹深度不得小于1.6mm;其他车辆转向轮的胎冠花纹深度不得小于3.2mm,其余轮胎胎冠花纹深度不得小于1.6mm。

图6-35 检查轮胎花纹磨损深度

第二节 二手车动态检查

动态检查是指二手车在工作情况下(发动机在运转、二手车在运动或静止时),根据二手车评估人员的技能和经验,用简单的工量具,对二手车的技术状况进行检查。动态检查的目的是进一步检查发动机、底盘、电气电子设备的工作状况及汽车的使用性能。

一、动态检查的主要内容

动态检查的主要内容如图6-36所示。

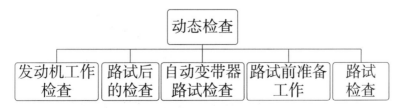

图6-36 二手车技术状况动态检查的内容

二 动态检查的工作流程

1. 路试前的准备工作

在进行路试之前,检查机油油位、冷却液液位、制动液液位、转向盘自由行程、轮胎胎压、各警示灯项目等。

(1)检查机油油位。检查之前应将车停放在平坦的场地上。将起动开关钥匙拧到关闭位置,把驻车制动器操纵杆(手制动杆)放到制动位置,变速器操纵杆放到空挡位置。

打开发动机罩,抽出机油尺,将机油尺用抹布擦净后,插入机油尺导孔,拔出查看。油位在上下刻线之间,即为合适。如果超出上刻线,应放出机油;如果低于下刻线,可从加油口处添加,待10min后,再次检查油位。补充时应严格注意清洁并检查是否有渗漏现象。

(2)检查冷却液液位。检查冷却液时,对于没有膨胀散热器的冷却系统,可以打开散热器盖进行检查,要求液面不低于排气孔10mm。如果使用防冻液,要求液面高度应低于排气孔50~70mm(这是为了防止防冻液因温度增高溢出);对于装有膨胀散热器的冷却系统,要求膨胀散热器的冷却液量应在规定刻线(H~L)之间。检查冷却液液量时,须在冷车状态下进行,检查后扣紧散热器盖。补充冷却液时,尽量使用同种防冻液。添加前要检查冷却系统是否有渗漏现象。

(3)检查制动液液位。正常制动液量位置应在储液罐的上限(H)与下限(L)刻线之间或标定位置处。当液位低于标定刻线或下限位置时,应把新的制动液补充到标定刻线或上限位置。

由于常用的制动液(指醇、醚类)具有一定的吸湿性,因此,在向储液罐内补充制动液时,一方面要使用装在密封容器内的新制动液,另一方面要避免长时间开放储液罐的加液口盖。因为制动液吸收水分后其沸点会显著降低,容易引起气阻,造成制动失灵。

在添加或更换制动液时,要严格执行厂方有关规定,否则制动液的效能将会改变,制动件会被损坏。若发现制动液量明显减少,应注意查找渗漏部位,及时修复,防止制动失灵。

(4)检查离合器液压油液位。检查离合器液压油液位高度的方法与检查制动液的方法相同。

(5)动力转向液压油的油量。首先将动力转向储油罐的外表擦干净,再将加油口盖从储油罐上取下,用干净的布块将油标尺上的油擦干净,重新将油标尺装上(检查时,请不要拧紧加油口盖),然后取下油标尺,检查油平面,油尺所示的刻度和意义与机油尺相同。如果油平面高度低于油尺下限刻度,则需要添加同种的转向液压油,直到上限刻度(H)为止。在添加之前应检查动力管路是否有渗漏现象。在检查或添加转向液压油时,应检查油质的污染情况,发现变质或污染时应及时更换。

(6)检查燃油箱的油量。打开点火开关钥匙,观察燃油表,了解油箱大致储油量(图6-37)。也可打开加油口盖,观察或用清洁量尺测量。但要注意加油口盖的清洁,避免尘土等脏物落入。

(7)检查冷却风扇传动带。检查冷却风扇传动带的紧度,用拇指以9~10kg的力按压传动带中间部位时,挠度应为10~15mm。如果不符合要求,按需要可调节发电机支架固定螺栓的位置。

(8)检查制动踏板行程并确保制动灯工作。路试二手车前,一定要检查制动系统并确保制动灯工作良好。如果路试的汽车只有一个制动灯或没有制动灯则不应上路。检查制动踏板的感觉,踩下制动踏板25~50mm,就应感到坚实而没有松软感,即使踩下0.5min也是如此。如果制动踏板有松软感,可能制动管路有空气,这意味着制动系统中某处可能有泄漏。对制动系统有问题的汽车进行路试是非常危险的,继续路试或进一步检查前一定要坚持让车主将制动系统修好。

另外,还要检验驻车制动是否工作,是否能将汽车稳固地保持住。

(9)检查轮胎气压。拧开轮胎气嘴的防尘帽,用轮胎气压表测量轮胎气压,轮胎的气压应符合该车的规定要求(图6-38)。气压不足,应进行充气;气压过高,则放出部分气体。轮胎气压过高或过低,均不宜进行路试,否则既不能正确判断汽车的性能状态,也可能出现意想不到的事故。

图6-37 检查燃油箱的油量

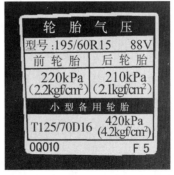

图6-38 轮胎气压的标准

2. 发动机工作性能检查

检查发动机工作性能主要检查发动机的起动性、怠速、异响、急加速性、曲轴箱窜气量、排气颜色等项目。

(1) 检查发动机起动性。正常情况下,用起动机起动发动机时,应在三次内起动成功。起动时,每次时间不超过 5s,再次起动时间要间隔 15s 以上。若发动机不能正常起动,说明发动机的起动性能不好。影响发动机起动性的原因有很多,主要有油路、电路、气路和机械几个方面,包括供油不畅、电动汽油泵没有保压功能、点火系统漏电、蓄电池桩极锈蚀、空气滤清器堵塞、汽缸磨损使汽缸压力过低、气门关闭不严等。发动机起动困难应综合分析各种原因,虽然有很多原因引起发动机起动困难,但不同因素对车价影响相差很大。

(2) 检查发动机怠速。发动机起动后使其怠速运转,打开发动机罩,观察怠速运转情况,怠速应平稳,发动机振动很小。观察仪表盘上的发动机转速表,此时,发动机的怠速应在 (800 ± 50) r/min,不同发动机的怠速转速可能有一定的差别。若开空调,发动机转速应上升,其转速应在 1000r/min 左右。发动机怠速时,若出现转速过高、过低、发动机抖动严重等现象,均表明发动机怠速不良。引起发动机怠速不良的原因多达几十种,如点火正时、气门间隙、进气系统、怠速阀、曲轴箱通风系统、废气再循环系统、活性炭罐系统、点火系统、供油系统、线束等。这也是困扰汽车维修检测人员的一个大难题,有时为了找到怠速不良的故障原因,可能要花很多的工时,甚至有的汽车怠速不良是顽症,可能一直都无法解决,鉴定评估人员应对此非常重视。

(3) 检查发动机异响。让发动机怠速运转,听发动机有无异响及响声大小。然后,用手拨动节气门,适当增加发动机转速,倾听发动机的异响是否加大,或是否有新的异响出现。正常情况下,在发动机各部件配合间隙适当、润滑良好、工作温度正常、燃油供给充分、点火正时准确等条件下运转,无论转速和负荷怎样变化,都是一种平稳而有节奏、协调而又圆滑的轰鸣声。在额定转速内,除正时齿轮、机油泵齿轮、喷油泵齿轮、喷油泵传动齿轮及气门有轻微均匀的响声以外,若发动机发出敲击声、咔嗒声、爆燃声、咯咯声、尖叫声等均是不正常的响声。如果有来自发动机底部的低频隆隆声或爆燃声,则说明发动机严重损坏,需要对发动机进行大修。发动机异响是很难排除的,尤其是发生在发动机内部,鉴定评估人员应高度重视。

(4) 检查发动机急加速性。待发动机运转正常后,发动机温度达到 80℃以上,用手拨动节气门,从怠速到急加速,观察发动机的急加速性能,然后迅速松开节气门,注意发动机怠速是否熄火或工作不稳。通常急加速时,发动机发出强劲且有节奏的轰鸣声。

(5)检查发动机曲轴箱窜气量。打开发动机曲轴箱通风出口,用手拨动节气门,逐渐加大发动机转速,观察曲轴箱的窜气量。正常发动机曲轴箱的窜气较少,无明显油气味,四缸发动机一般在 10～20L/min。若曲轴箱窜气量大于 20L/min,且油气味重,说明汽缸与活塞磨损严重,汽车行驶里程长,发动机需要大修,而发动机大修的费用是很高的。若曲轴箱窜气量大于 600L/min,则曲轴箱通风系统不能保证曲轴箱的气体完全被排出,通风系统可能结胶堵塞,曲轴箱气体压力将增大,曲轴箱前后油封会漏油,表明此发动机已需要大修。

(6)检查排气颜色。正常时,发动机排出的气体是无色的,在严寒的冬季可见白色的水汽;柴油发动机带负荷运转时,发动机排出的气体一般是灰色的,负荷加重时,排气颜色会深一些。汽车排气常有三种不正常的烟雾。

①冒黑烟。黑烟意味着燃油系统输出的燃油太多。换句话说,空气与燃油的混合气太浓,发动机不能将它们完全燃烧。当发动机运行在浓混合气时,排气中的燃油使催化转换器变成一个催化反应炉。混合气过浓情况是由于某个火花塞不点火,还是由于某个喷油器漏油引起,很难区分。无论哪种情况,燃油已被直接推进催化转换器中。这样就把转换器的工作温度升高到了一个危险的程度。经过一段时间后,更高的工作温度会导致催化转换器破裂或融化。

②冒蓝烟。冒蓝烟意味着发动机在烧机油,机油窜入燃烧室。若机油油面不高,最常见的原因是汽缸与活塞密封出现问题,即活塞、活塞环出现磨损,与汽缸的间隙过大。这表明此发动机需要大修。

③冒白烟。冒白烟意味着发动机在烧自身冷却系统中的冷却液(防冻液和水)。这可能是汽缸垫烧坏,使冷却液从冷却液通道渗漏到燃烧室中,或缸体有裂纹使冷却液进入汽缸内造成的,此时发动机的价值就要大打折扣。冒白烟的另一个解释是由非常冷而潮湿的外界空气(低露点)引起的。这种现象类似于在非常寒冷的天气中呼吸时的凝结,当呼出的气体比外界空气热得多,而与外界冷空气混杂在一起时热气凝结,产生水蒸气。以同样的方式,热排气与又冷又湿的大气混杂在一起产生白色烟雾(蒸汽),但是当汽车热起来后,因为热排气湿度含量低,蒸汽应当消失。当然,如果在非常寒冷的气候条件下检查一辆汽车,即使在发动机热起来后,它的排气可能继续冷凝,此时就要靠鉴定评估人员的判断力了。如果在暖和的天气里看到冒白烟,表明有某种机械问题。

如果是自动挡汽车,汽车行驶时排出大量白烟说明是自动变速器有问题,而不是由冷却液引起。许多自动变速器有一根通向发动机的真空管。如果这根变速器真空管末端的密封垫或薄膜泄漏,自动变速器油液会被吸入发动机中,造成排气冒烟。

(7)检查排气气流。将手放在距排气管排气口10cm左右处,感觉发动机怠速时排气气流的冲击(图6-39)。正常排气气流有很小的脉冲感。若排气气流有周期性的打嗝或不平稳的喷溅,表明气门、点火系统或燃油系统有问题,从而引起间断性失火。

将一张白纸悬挂靠近排气口10cm左右,如果纸不断地被排气气流吹开,则表明发动机运转正常。如果纸偶尔地被吸向排气口,则表明发动机配气机构出现很大故障。

图6-39 排气气流监测

3. 汽车路试检查

汽车路试一般行驶20km左右,通过一定里程的路试来检查汽车的工况。

(1)检查离合器的工作状况。按正常汽车起步方法操纵汽车,使汽车挂挡并平稳起步,检查离合器的工作情况。

正常情况下,离合器应该接合平稳,分离彻底,工作时无异响、抖动和不正常的打滑等现象。踏板自由行程符合汽车技术条件的有关规定,一般为30~45mm。若离合器自由行程过大,说明离合器摩擦片磨损严重。离合器踏板力应与该型号汽车的踏板力相适应,各种汽车的离合器踏板力不应大于300N。如果离合器发抖或有异响,说明离合器内部有零件损坏,应立即结束路试。

(2)检查变速器的工作状况。从起步加速到高速挡,再由高速挡减至低速挡,检查变速器换挡是否轻便灵活;是否有异响、乱挡现象,互锁和自锁装置是否有效、加速时是否有掉挡现象;换挡时变速器操纵杆是否有其他部件干涉。

换挡时,变速器齿轮发响表明变速器换挡困难,这是变速器常见的故障现象。一般是由于换挡联动机构失调,或换挡叉轨变形、锈蚀,或同步器损坏所致。对于变速传动机构失调或锈蚀,尤其是远程换挡机构,只需重新调整即可。对于同步器损坏,则需要更换同步器,费用较高。

在汽车行驶过程中,急速踩下加速踏板或汽车受到冲击时,变速器操纵杆自行回到空挡,即为掉挡。如变速器出现掉挡情况,说明变速器内部磨损严重,需要更换磨损的零件,才能恢复正常的性能。

路试中,在换挡后若出现变速器操纵杆发抖现象,表明汽车变速器使用时间很长,变速器操纵机构的各个铰链处磨损松旷,使变速器操纵杆处的间隙过大。

(3) 检查汽车动力性。汽车动力性能最常见的指标是从静态加速至100km/h 的所需时间和最高车速,其中前者是最具意义的动力性能指标和国际流行的小客车动力性能指标。

汽车起步后,加速行驶,驾驶员猛踩加速踏板,检查汽车的加速性能。通常急加速时,发动机发出强劲的轰鸣声,车速迅速提升。各种汽车设计时的加速性能不尽相同,就轿车而言,一般发动机排量越大,加速性能就越好。有经验的汽车评估人员,能够了解各种常见车型的加速性能,通过路试能够检查出被检汽车的加速性能与正常的该型号汽车加速性能的差距。

检查汽车的爬坡性能,检查汽车在相应的坡道上,使用相应挡位时的动力性能,是否与经验值相近,感觉是否正常。

检查汽车是否能够达到原设计车速,如果达不到,须估计一下差距。

如果汽车提速慢,最高车速与原车设计值差距较大,上坡无力,则说明车辆动力性能差,是一辆"老爷车"。

(4) 检查汽车制动性能。汽车起步后,先点一下制动踏板检查是否有制动;将车加速至20km/h 进行一次紧急制动,检查制动是否可靠,有无跑偏、甩尾现象;再将车加速至50km/h,先用点刹的方法检查汽车是否立即减速、是否跑偏,再用紧急制动的方法检查制动距离和跑偏量。机动车在规定的初速度下的制动距离和制动稳定性应符合表6-1 的要求。

机动车制动性能要求　　　　　　　　　　　　表6-1

机动车类型		制动初速度（km/h）	制动距离（m）		试车道宽度（m）
			满载	空载	
三轮汽车		20	≤5.0		2.5
乘用车		50	≤20.0	≤19.0	2.5
总质量≤3500kg	低速汽车	≤30	≤9.0	≤8.0	2.5
	一般汽车	≤50	≤22.0	≤21.0	2.5
其他汽车、汽车列车		30	≤10.0	≤9.0	3.0

续上表

机动车类型	制动初速度（km/h）	制动距离(m) 满载	制动距离(m) 空载	试车道宽度（m）
轮式拖拉机运输机组	20	≤6.5	≤6.0	3.0
手扶变形运输机	20		≤6.5	2.3

当踩下制动踏板时，若制动踏板或制动鼓发出冲击或尖叫声，则表明制动摩擦片可能磨损，路试结束后应检查制动摩擦片的厚度。

若踩下制动踏板有海绵感，则说明制动管路进入空气或制动系统某处有泄漏，应立即停止路试。

（5）检查汽车行驶稳定性。车速以50km/h左右中速直线行驶时，驾驶员双手松开转向盘，观察汽车行驶状况。此时，汽车应该仍然直线行驶并且不明显转到某一边。无论汽车转向哪一边，都说明汽车的转向轮定位不准，或车身、悬架变形。

车速以90km/h以上高速行驶时，观察转向盘有无摆动现象，即所谓的"汽车摆头"。若汽车有高速摆头现象，通常意味着存在严重的车轮不平衡或不对中问题。汽车摆头时，前轮左右摇摆沿波形前进，严重地破坏了汽车的平顺性，直接影响汽车的行驶安全，增大轮胎的磨损，故该汽车只能以较低的速度行驶。选择宽敞的路面，左右转动转向盘，检查转向是否灵活、轻便。若转向沉重，说明汽车转向机构各球头缺油或轮胎气压过低。对于带助力转向的汽车，转向沉重可能是动力转向泵和齿轮齿条磨损严重，而要修理或更换转向齿条费用很高。动力转向问题有时还靠转向盘转动时的嘎吱声来识别，发出这种声音可能仅仅是转向油液面过低。

转向盘最大自由转动量不允许大于20°（最高设计车速不小于100km/h的机动车）。若转向盘的自由转动量过大，意味着转向机构磨损严重，使转向盘的游动间隙过大，从而导致转向不灵。

（6）检查汽车行驶平顺性。将汽车开到粗糙、有凸起路面行驶，或通过有伸缩接缝的铁轨和公路，感觉汽车的平顺性和乘坐舒适性。通常汽车排量越大，行驶越平顺，同时燃油消耗也越多。

当汽车转弯或通过不平的路面时，倾听是否有忽大、忽小的嘎吱声或低沉噪声从汽车前端发出。若有，可能是滑柱或减振器坚固装置松旷或轴衬磨损严重。汽车转弯时，若车身侧倾过大，则可能是横向稳定杆衬套或减振器磨损严重。

在前轮驱动汽车上，若前面发出"咯哒"声、沉闷金属声、"滴答"声，则可能是等速万向节已磨损,需要维修。而等速万向节维修费用昂贵,和变速器大修费用差不多。

(7)检查汽车滑行能力。在平坦的路面上,做汽车滑行试验。将汽车加速至30km/h左右,踩下离合器踏板,将变速器挂入空挡滑行,其滑行距离应符合技术要求。否则说明汽车传动系统的传动阻力大,传动效率低,油耗增大,动力不足。汽车质量越大,其滑行距离越远。将汽车加速至40~60km/h迅速抬起加速踏板,检查有无明显的金属撞击声,如果有说明传动系统间隙过大。

(8)检查风噪声。逐渐提高车速,使汽车高速行驶,倾听车外风噪声。风噪声过大,说明车门或车窗密封条变质损坏,或车门变形密封不严,尤其是整形后的事故车。

通常,车速越高,风噪声越大。对于空气动力学好的汽车,其密封和隔音性能好,风噪声较小。而对于空气动力学较差的汽车或整形后的事故车,风噪声一般较大。

(9)检查驻车制动。选一坡路,将车停在坡上,拉上驻车制动器,观察汽车是否停稳,有无滑溜现象。通常驻车制动力不应小于整车质量的20%。

4. 自动变速器的路试检查

(1)自动变速器路试前的准备工作。在道路试验之前,应先让汽车以中低速行驶5~10min,使发动机和自动变速器都达到正常工作温度。

(2)检查自动变速器升挡。将操纵手柄拨至前进挡(D)位置,踩下加速踏板,使节气门保持在1/2开度左右,让汽车起步加速,检查自动变速器的升挡情况。自动变速器在升挡时发动机会有瞬时的转速下降,同时车身有轻微的闯动感。正常情况下,随着车速的升高,试车者应能感觉到自动变速器能顺利地由1挡升入2挡,随后再由2挡升入3挡,最后升入超速挡。若自动变速器不能升入高挡(3挡或超速挡),说明控制系统或换挡执行元件有故障。

(3)检查自动变速器升挡车速。将操纵手柄拨至前进挡(D)位置,踩下加速踏板,并使节气门保持在某一固定开度,让汽车加速。当察觉到自动变速器升挡时,记下升挡车速。一般4挡自动变速器在节气门开度保持在1/2左右,由1挡升至2挡的升挡车速为25~35km/h,由2挡升至3挡的升挡车速为55~70km/h,由3挡升至4挡(超速挡)的升挡车速为90~120km/h。由于升挡车速和节气门开度有很大的关系,即节气门开度不同时,升挡车速也不同,而且不同车型的自动变速器各挡位传动比的大小都不相同,其升挡车速也不完全一样。因此,只要升挡车速基本保持在上述范围内,而且汽车行驶中加速良好,无明显的换挡冲击,都可认为其升挡车速基本正常。若汽车行驶中加速无力,升挡车速明显低于上述范围,说明升挡车速过低(即过早升挡);若汽车行驶中有明显的换挡冲击,升挡车速明显高于上述范围,说明升挡车速过高(即过迟升挡)。

  由于降挡时刻在行驶中不易察觉,因此在道路试验中一般无法检查自动变速器的降挡车速,只能通过检查升挡车速来判断自动变速器有无故障。若有必要,还可检查其他模式下或操纵手柄位于前进低挡位置时的换挡车速,并与标准值进行比较,作为判断故障的参考依据。

  升挡车速太低一般是由控制系统故障所致;换挡车速太高则可能是由控制系统的故障所致,也可能是换挡执行元件出现故障。

  (4)检查自动变速器升挡时发动机的转速。有发动机转速表的汽车在做自动变速器道路试验时,应注意观察汽车行驶中发动机转速变化的情况。它是判断自动变速器工作是否正常的重要依据之一。在正常情况下,若自动变速器处于经济模式或普通模式,节气门保持在低于1/2开度范围内,则在汽车由起步加速直至升入高速挡的整个行驶过程中,发动机转速都低于3000r/min。通常在加速至即将升挡时,发动机转速可达到2500~3000r/min,在刚刚升挡后的短时间内发动机转速下降至2000r/min左右。如果在整个行驶过程中发动机转速始终过低,加速至升挡时仍低于2000r/min,说明升挡时间过早或发动机动力不足;如果在行驶过程中发动机转速始终偏高,升挡前后的转速在2500~3500r/min,而且换挡冲击明显,说明升挡时间过迟;如果在行驶过程中发动机转速过高,经常高于3000r/min,在加速时达到4000~5000r/min,甚至更高,则说明自动变速器的换挡执行元件(离合器或制动器)打滑,需要对自动变速器进行拆修。

  (5)检查自动变速器换挡质量。换挡质量的检查内容主要是检查有无换挡冲击。正常的自动变速器只能有不太明显的换挡冲击,特别是电子控制自动变速器的换挡冲击十分微弱。若换挡冲击太大,说明自动变速器的控制系统或换挡执行元件有故障,其原因可能是油路油压过高或换挡执行元件打滑。若自动变速器有故障则需要维修。

  (6)检查自动变速器的锁止离合器工作状况。自动变速器变矩器中的锁止离合器工作是否正常也可以采用道路试验的方法进行检查。试验中,让汽车加速至超速挡,以高于80km/h的车速行驶,并让节气门开度保持在低于1/2的位置,使变矩器进入锁止状态。此时,快速将加速踏板踩下至2/3开度,同时检查发动机转速的变化情况。若发动机转速没有太大变化,说明锁止离合器处于接合状态;若发动机转速升高很多,则表明锁止离合器没有接合,其原因通常是锁止控制系统有故障。

(7)检查发动机制动功能。检查自动变速器有无发动机制动作用时,应将操纵手柄拨至前进低挡(S、L或2、1)位置,在汽车以2挡或1挡行驶时,突然松开加速踏板,检查发动机是否有制动作用。若松开加速踏板后车速立即随之下降,说明有发动机制动作用;否则说明控制系统或前进挡强制离合器有故障。

(8)检查自动变速器强制降挡功能。检查自动变速器强制降挡功能时,应将操纵手柄拨至前进挡(D)位置,保持节气门开度为1/3左右,在以2挡、3挡或超速挡行驶时突然将加速踏板完全踩到底,检查自动变速器是否被强制降低一个挡位。在强制降挡时,发动机转速会突然上升至4000r/min左右,并随着加速升挡,转速逐渐下降。若踩下加速踏板后没有出现强制降挡,说明强制降挡功能失效。若在强制降挡时发动机转速上升过高,达5000~6000r/min,并在升挡时出现换挡冲击,则说明换挡执行元件打滑,自动变速器需要拆修。

5. 路试后的检查

(1)检查各部件温度。

①检查油、水温度。检查冷却液温度、机油、齿轮油温度(正常不超过90℃,机油温度不高于90℃,齿轮油温度不高于85℃)。

②检查运动机件过热情况。查看制动鼓、轮毂、变速器壳、传动轴、中间轴轴承、驱动桥壳(特别是减速器壳)等,不应有过热现象。

(2)检查"四漏"现象。

①要求在发动机运转及停车时,散热器、水泵、汽缸、缸盖、暖风装置及所有连接部位均无明显渗漏水现象。

②机动车连续行驶距离不小于10km,停车5min后观察,不得有明显渗漏油现象。检查机油、变速器、主减速器油、转向液压油、制动液、离合器油、液压悬架油等相关处有无泄漏。

③检查汽车的进气系统、排气系统有无漏气现象。

④检查发动机点火系统有无漏电现象。

第三节 二手车仪器检查

仪器检查是指使用仪器、设备对二手车的技术性能和故障进行检测和诊断,既定性又定量地对二手车进行技术检查。

一、汽车性能检测的主要指标

对二手车进行综合检测，需要检测车辆的动力性、燃料经济性、转向操作性、排放污染、噪声等整车性能指标，以及发动机、底盘、电气等各部件的技术状况。汽车主要检测内容及对应采用的仪器设备见表6-2。

汽车主要检测内容及对应仪器设备　　　表6-2

检测项目			检测仪器设备
整车性能	动力性	底盘输出功率	底盘测功机
		汽车直接加速时间	底盘测功机（装有模拟质量）
		滑行性能	底盘测功机
	燃料经济性	等速百公里油耗	底盘测功机、油耗仪
	制动性	制动力	制动检测台、轮重仪
		制动力平衡	制动检测台、轮重仪
		制动协调时间	制动检测台、轮重仪
		车轮阻滞力	制动检测台、轮重仪
		驻车制动力	制动检测台、轮重仪
	转向操作性	转向轮横向侧滑量	侧滑检验台
		转向盘最大自由转动量	转向力-转向角检测仪
		转向操纵力	转向力-转向角检测仪
		悬架特性	底盘测功机
	前照灯	发光强度	前照灯检测仪
		光束照射位置	前照灯检测仪
	排放污染物	汽油车怠速污染物排放	废气分析仪
		汽油车双怠速污染物排放	废气分析仪

续上表

检测项目			检测仪器设备
整车性能	排放污染物	柴油车排气污染物	不透光仪
		柴油车排气自由加速烟度	烟度计
	喇叭声级		声级计
	车辆防雨密封性		淋雨试验台
	车辆表示值误差		车速表试验台
发动机部分	发动机功率		1.无负荷测功仪 2.发动机综合测试仪
	汽缸密封性	汽缸压力	汽缸压力表
		曲轴箱窜气	曲轴箱窜气量检测仪
		汽缸漏气率量	汽缸漏气量检测仪
		进气管真空度	真空表
	起动系统	起动电流 蓄电池起动电压	1.发动机综合测试仪 2.汽车电器万能试验台
	点火系统	点火波形 点火提前角	1.专用示波器 2.发动机综合测试仪
	燃油系统	燃油压力	燃油压力表
	润滑系统	机油压力润滑油品质	机油压力表 机油品质检测仪
	发动机异响		发动机异响诊断仪
底盘部分	离合器打滑		离合器打滑测定仪
	传动系游动角度		游动角度检验仪
行驶系统	车轮定位		四轮定位仪
	车轮不平衡		车轮平衡仪

续上表

检测项目		检测仪器设备
空调系统	系统压力	空调压力表
	空调密封性	卤素检漏灯
电子设备		微机故障检测仪

二、汽车性能指标检测的设备

检测汽车性能指标需要的设备有很多,其中最主要有底盘测功机、制动检验台、油耗仪、侧滑试验台、前照灯检测仪、车速表试验台、发动机综合测试仪、示波器、四轮定位仪、车胎平衡仪等设备,这些设备一般在汽车的综合性能检测中心(站)或汽车修理厂采用,操作难度较大,二手车鉴定评估人员不需要完全掌握这些设备的使用方法。但对于一些常规的、小型检测设备应能掌握,以便迅速地判断汽车常见故障。这些设备仪器主要有汽缸压力表、真空表、万用表、正时枪、燃油压力表、废气分析仪、烟度计、声级计、微电脑故障诊断仪(俗称解码仪)等。

第四节 二手车技术状况综合评定

一、二手车技术状况综合评定

汽车经过一段时间的使用后,技术状况将发生各种变化,这种变化与行驶里程的长短以及运行条件、使用强度、维修质量等不同而各有差异。二手车技术状况的综合评定就是运用静态检查、动态检查和仪器检查后得出的各种结果,赋予分值,作出综合评定,对二手车进行等级划分。

二、二手车技术状况评定等级

二手车技术状况分为五级,分别为一级、二级、三级、四级和五级(表6-3)。一般来讲,一级车是指被鉴定的车辆技术状况良好;二级车是指被鉴定的车辆技术状况一般;三级车是指被鉴定的车辆技术状况比较差;四级是指被鉴定的车辆有过事故、泡水痕迹等;五级车为事故车。

车辆技术状况等级分值对应表　　　　　　　表6-3

技术状况等级	分值区间	技术状况等级	分值区间
一级	鉴定总分≥90	四级	鉴定总分<20
二级	60≤鉴定总分<90	五级	事故车
三级	20≤鉴定总分<60		

三　二手车等级确认

除了事故车外,二手车的技术状况等级是按照二手车技术状况评定的,即将二手车的检查内容分成车身外部检查、发动机舱检查、驾驶舱检查、起动检查、路试检查、底盘检查、车辆功能性零部件检查七大部分,前六项分别按权重20%、20%、10%、20%、15%、15%确定分值,车辆功能性零部件检查只进行描述,不予计分,最后根据所得分值划分二手车等级(表6-4)。

二手车技术成新率构成项目　　　　　　　表6-4

序号	项目内容	分数
1	车身外观部位检查	20
2	发动机舱检查	20
3	驾驶舱检查	10
4	起动检查	20
5	路试检查	15
6	底盘检查	15
7	车辆功能性零部件检查	进行描述,不计分
	总分	100

注:以上各项检查最高分不能超过该检查项目的规定分数,各项检查扣分的最差结果不能低于0分。

1. 车身外观部位检查与评分

车身外部检查是二手车技术状况检查最基本的部分。检查时应该按照车身部位分前后、左右、上下仔细观察，不要漏点。它包括使用车辆外观缺陷测量工具与漆面厚度检测仪器，结合目测法对车身外观进行检测。

检查时，尤其要注意是否是事故修复车。只要仔细观察车身外表、翼子板、保险杠、车门、门框、车窗玻璃、车灯、后视镜等外观部件，就能发现该车是否是事故修复车、事故的程度和车辆的维护等情况。通过轮胎磨损量和磨损情况又可以判断出车辆的使用强度和底盘的技术状况等。

车身外部检查的评分作业要求见表6-5。

车身外观部位代码与评分表　　　　　表6-5

序号	部位	代码	扣分 0.5	1	1.5	序号	部位	代码	扣分 0.5	1	1.5
1	发动机舱盖表面	14				14	后保险杠	27			
2	左前翼子板	15				15	左前轮	28			
3	左后翼子板	16				16	左后轮	29			
4	右前翼子板	17				17	右前轮	30			
5	右后翼子板	18				18	右后轮	31			
6	左前车门	19				19	前照灯	32			
7	右前车门	20				20	后尾灯	33			
8	左后车门	21				21	前风窗玻璃	34			
9	右后车门	22				22	后风窗玻璃	35			
10	行李舱盖	23				23	四门风窗玻璃	36			
11	行李舱内则	24				24	左后视镜	37			
12	车顶	25				25	右后视镜	38			
13	前保险杠	26				26	轮胎	39			

车身外部的问题描述分为划痕、变形、锈蚀、裂纹、凹陷和修复痕迹等项

(表6-6),其分别按照问题程度扣分:问题面积小于或等于100mm×100mm,扣0.5分;问题面积大于100mm×100mm,并小于或等于200mm×300mm,扣1分;问题面积大于200mm×300mm,扣1.5分;轮胎花纹深度小于1.6mm,扣1分。

车身外观状态描述对应表　　　　表6-6

代码	HH	BX	XS	LW	AX	XF
描述	划痕	变形	锈蚀	裂纹	凹陷	修复痕迹

检查车身外观项目时,应根据表6-5、表6-6中的标准描述缺陷,表述为"车身部位+状态+程度"。例如21XS2,对应描述为:左后车门有锈蚀,面积为大于100mm×100mm,小于或等于200mm×300mm。

车身外观展开图如图6-40所示。

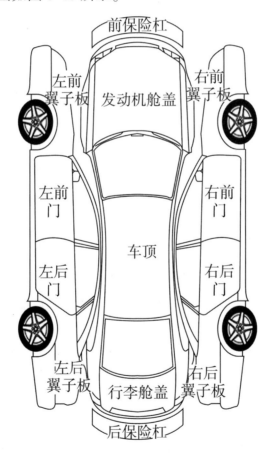

图6-40　车身外观展开示意图

2. 发动机舱检查与评分

发动机舱的检查主要内容为:检查发动机舱的清洁情况,是否有机油外漏;

检查机油的品质,如发现有冷却液混入则说明发动机内部有磨损、裂纹、汽缸垫漏气等不密封情况,可以确认发动机损伤严重;检查前翼子板内缘、水箱框架、横拉梁有无凹凸或修复痕迹,散热器格栅有无破损,如果有说明此车发生过事故并进行过修复;检查蓄电池电极桩柱有无腐蚀、蓄电池电解液有无渗漏或者缺少;检查传动带、油管、水管有无老化、裂痕;检查各部分线束有无老化、破损,各部位的电子接插件是否连接牢靠。

发动机舱检查的评分作业要求见表6-7。

发动机舱检查项目作业表　　　　　表6-7

序号	代码	检查项目	A	扣分	B	扣分	C	扣分
1	40	机油有无冷却液混入	无	0	轻微	1	严重	1
2	41	缸盖外是否有机油渗漏	无	0	轻微	5	严重	5
3	42	前翼子板内缘、水箱框架、横拉梁有无凹凸或修复痕迹	无	0	轻微	1	严重	3
4	43	散热器格栅有无破损	无	0	轻微	1	严重	3
5	44	蓄电池电极桩柱有无腐蚀	无	0	轻微	2	严重	4
6	45	蓄电池电解液有无渗漏、缺少	无	0	轻微	1	严重	3
7	46	发动机传动带有无老化	无	0	轻微	1	严重	3
8	47	油管、水管有无老化、裂痕	无	0	轻微	1	严重	3
9	48	线束有无老化、破损	无	0	轻微	1	严重	3
10	49	其他	只描述缺陷,不扣分					

3. 驾驶舱检查与评分

驾驶舱检查的主要内容为:检查车辆是否泡过水,主要是水的位置和修理是否到位,重点检查车内是否有水泡痕迹,车内是否整洁,有无异味;检查车内后视镜、座椅是否完整、有无破损、功能是否正常;检查安全带功能是否正常;检查车顶及周边内饰是否有破损、松动及裂缝和污迹;检查转向盘自由行程转角是否小于15°,排挡手柄及护罩是否完好;检查驻车制动系统是否灵活有效;检查仪表台是否有划痕,配件有无缺失;检查储物盒是否有裂痕,配件是否有缺失;检查天窗关闭是否正常、门窗密封条是否有老化;检查玻璃窗升降器、门窗工作是否正常;

检查左、右后视镜折叠装置工作是否正常。

驾驶舱技术状况的评定作业要求见表6-8。

驾驶舱检查项目作业表　　　　　表6-8

序号	代码	检查项目	A	C	扣分
1	50	车内是否无水泡痕迹	是	否	1.5
2	51	车内后视镜、座椅是否完整、无破损、功能正常	是	否	0.5
3	52	车内是否整洁、无异味	是	否	0.5
4	53	转向盘自由行程转角是否小于15°	是	否	1
5	54	车顶及周边内饰是否无破损、松动及裂缝和污迹	是	否	1
6	55	仪表台是否无划痕,配件是否无缺失	是	否	1
7	56	排挡手柄及护罩是否完好、无破损	是	否	1
8	57	储物盒是否无裂痕,配件是否无缺失	是	否	1
9	58	天窗是否移动灵活、关闭正常	是	否	1
10	59	门窗密封条是否良好、无老化	是	否	1
11	60	安全带结构是否完整、功能是否正常	是	否	1
12	61	驻车制动系统是否灵活有效	是	否	1
13	62	玻璃窗升降器、门窗工作是否正常	是	否	1
14	63	左、右后视镜折叠装置工作是否正常	是	否	1
15	64	其他	只描述缺陷,不扣分		

4. 起动检查与评分

起动检查的主要内容是:检查车辆起动是否顺畅,如时间少于5s或者一次就可以起动,说明发动机起动性能良好;检查发动机在冷、热车条件下怠速运转是否稳定;检查怠速运转时发动机是否有异响,空挡状态下逐渐增加发动机转速,发动机声音过渡是否有异响,车辆排气是否异常;检查仪表板指示灯显示是否正常,有否故障灯报警显示;检查各类灯光和调节功能是否正常良好;检查汽车空调系统风量、方向调节、分区控制、自动控制、制冷工作是否正常,性能完好;检查泊车辅助系统工作是否正常;检查试验制动防抱死制动系统工作是否正常。

起动检查技术状况的评定作业要求见表6-9。

起动检查项目作业表　　　　表6-9

序号	代码	检查项目	A	C	扣分
1	65	车辆起动是否顺畅（时间少于5s或一次起动）	是	否	2
2	66	仪表板指示灯显示是否正常,无故障报警	是	否	2
3	67	各类灯光和调节功能是否正常	是	否	1
4	68	泊车辅助系统工作是否正常	是	否	0.5
5	69	制动防抱死制动系统工作是否正常	是	否	0.5
6	70	空调系统风量、方向调节、分区控制、自动控制、制冷工作是否正常	是	否	0.5
7	71	发动机在冷、热车条件下怠速运转是否稳定	是	否	0.5
8	72	怠速运转时发动机是否无异响,空挡状态下逐渐增加发动机转速,发动机声音过渡是否无异响	是	否	10
9	73	车辆排气是否无异常	是	否	10
10	74	其他	只描述缺陷,不扣分		

5.路试检查与评分

路试检查的主要内容是:检查发动机运转、加速是否正常;车辆起动前踩下制动踏板,保持5~10s,踏板无向下移动的现象,踩住制动踏板起动发动机,踏板是否向下移动,如果有问题真空助力器故障或者发动机的密封有问题;检查制动性能,包括行车制动系最大制动效能在踏板全行程的4/5以内达到,行驶无跑偏、制动系统工作正常有效;检查变速器工作是否挡位准确、换挡正常、无异响;行驶过程中车辆底盘部位、转向部位是否无异响。

路试检查项目的评分作业要求见表6-10。

路试检查项目作业表　　　　　　　　　　表 6-10

序号	代码	检查项目	A	C	扣分
1	75	发动机运转、加速是否正常	是	否	2
2	76	车辆起动前踩下制动踏板,保持 5~10s,踏板无向下移动的现象	是	否	2
3	77	踩住制动踏板起动发动机,踏板是否向下移动	是	否	2
4	78	行车制动系最大制动效能在踏板全行程的 4/5 以内达到	是	否	2
5	79	行驶是否无跑偏	是	否	2
6	80	制动系统工作是否正常有效、制动不跑偏	是	否	2
7	81	变速器工作是否正常、无异响	是	否	2
8	82	行驶过程中车辆底盘部位是否无异响	是	否	2
9	83	行驶过程中车辆转向部位是否无异响	是	否	2
10	84	其他	只描述缺陷,不扣分		

6. 底盘检查与评分

底盘检查的主要内容是:将车辆举升,按照总成和部件,逐一检查发动机油底壳是否有渗漏;变速器体是否有渗漏;转向节臂球销是否有松动;三角臂球销是否有松动;传动轴十字轴是否有松旷;减振器是否有渗漏;减振弹簧是否无损坏。

底盘检查项目的评分作业要求见表 6-11。

底盘检查项目作业表　　　　　　　　　　表 6-11

序号	代码	检查项目	A	C	扣分
1	85	发动机油底壳是否无渗漏	是	否	4
2	86	变速器体是否无渗漏	是	否	4
3	87	转向节臂球销是否无松动	是	否	3

续上表

序号	代码	检查项目	A	C	扣分
4	88	三角臂球销是否无松动	是	否	3
5	89	传动轴十字轴是否无松旷	是	否	2
6	90	减振器是否无渗漏	是	否	2
7	91	减振弹簧是否无损坏	是	否	2
8	92	其他	只描述缺陷,不扣分		

7. 车辆功能性零部件检查

车辆功能性零部件检查的主要任务是检查车身外部件性能优劣情况;检查驾驶舱内部件好坏和完整的情况;检查随车附件的完整情况。

外部性能件检查的具体内容包括:检查发动机舱盖锁止、发动机舱盖液压撑杆、后门、行李舱液压支撑杆、各车门锁、前后刮水器、立柱密封胶条、排气管及消音器、车轮轮毂。

内部性能件检查的主要内容包括内后视镜、座椅调节及加热、仪表板出风管道、中央集控等部件。

随车附件完整情况的检查主要包括:备胎、千斤顶、轮胎扳手及随车工具、三角警示牌、灭火器、全套钥匙、遥控器及功能、喇叭高低音色、玻璃加热功能完整情况等。

8. 二手车技术状况表

在对二手车进行全面检查后,应规范填写《二手车技术状况表》,记录车辆基本信息、重要配置、是否为事故车以及鉴定结果,并对车辆技术鉴定缺陷进行描述(表6-12)。二手车技术状况表所体现的鉴定结果仅为鉴定日期当日被鉴定车辆的技术状况表现与描述,若在当日内被鉴定车辆的市场价值或因交通事故等原因导致车辆价值发生变化,对车辆鉴定结果产生明显影响时,该技术状况表不作为参考依据。本二手车技术状况表应由二手车经销企业、拍卖企业、经纪企业使用,作为二手车交易合同的附件。车辆展卖期间,放置在驾驶室前风窗玻璃下方,供消费者参阅。

二手车技术状况表

表6-12

车辆基本信息	厂牌型号			牌照号码	
	发动机号			VIN 码	
	初次登记日期	年 月 日		表征里程	
	品牌名称	□国产 □进口		车身颜色	
	年检日期	□有（至 年 月） □无		购置税证明	□有 □无
	车船税证明	□有 □无		交强险	□有（至 年 月）□无
	使用情况	□营运用车 □出租用车 □公务用车 □家庭用车 □其他			
	其他法定凭证、证明	□机动车号牌 □机动车行驶证 □机动车登记证 □第三者强制保险保险单 □其他			
	车主名称/姓名			企业法人证书代码/身份证号码	
重要配置	燃料标号		排量		缸数	
	发动机功率		排放标准		变速器形式	
	气囊		驱动方式		ABS	□有 □无
	其他重要配置				

续上表

是否为事故车	□是 □否			
鉴定结果	损伤位置及损伤状况			
	分值	技术状况等级		缺陷描述
车辆技术鉴定	鉴定结果（得分）	鉴定科目		
		车身检查		
		发动机检查		
		车内检查		
		起动检查		
		路试检查		
		底盘检查		
缺陷描述				

二手车鉴定评估师：_____

鉴定单位：（盖章）_____

鉴定日期：_____

（四）新能源汽车评估

1. 市场亟待新能源汽车鉴定评估标准

2018年全国二手车累计交易1382.19万辆，其中新能源二手车交易量已经达到125.6万辆。新能源汽车的动力结构与传统燃油汽车存在明显区别，且存在电池续航能力逐年衰退等问题。现行二手车评估技术标准无法对新能源汽车进行有效评估，导致新能源汽车存在保值率差、二手车车商不愿接手等问题层出不穷。对于如何评估新能源汽车，规范新能源二手车的交易，应当尽快出台相应的鉴定评估标准。

2. 新能源二手车鉴定评估将有标可循

当前，新能源二手车市场既不成规模，也缺少成熟的价格体系和专业的评估体系。中国汽车流通协会发布的《2019年7月中国汽车保值率报告》显示，当前新能源汽车保值率相对较低，3年车龄插电式混合动力汽车保值率为45.5%，纯电动汽车保值率仅为33.5%。残值较低让新能源二手车市场陷入了"卖家不想卖，车商不愿收，买家不敢买"的怪圈。根据《汽车产业中长期发展规划八大重点工程实施方案》，到2025年，我国新能源汽车年销量将达700万辆，新能源汽车保有量将达2000万辆。如此大规模的保有量，意味着将会有更多的二手车流入市场。

如何合理评估残值，使新能源二手车顺畅流通，成为业内必须面对的挑战。自2018年以来，中国汽车流通协会开始推动《新能源乘用车二手车鉴定评估技术规范》团体标准的制定，并且连续多次召开了专业研讨会议，发出了相关的征求意见稿。标准的主要内容包括：新能源汽车鉴定评估的术语和定义，新能源二手车鉴定评估机构条件要求，新能源二手车鉴定评估程序，新能源二手车技术状况鉴定要求，新能源二手车鉴定评估机构经营管理等。相信随着研究的深入，新能源汽车鉴定评估将逐步走向成熟。

思考与练习

1. 进行机动车静态检查时，需要准备哪些工具和用品？
2. 何谓二手车静态检查？其目的是什么？静态检查包括哪些项目？

思考与练习

3. 如何鉴别走私和拼装车辆？
4. 如何鉴别盗抢车辆？
5. 何谓事故车？如何鉴别碰撞事故车辆？如何鉴别泡水车辆？如何鉴别过火车辆？
6. 如何正确检查发动机舱？主要包括哪些项目？
7. 如何正确检查车舱？主要包括哪些项目？
8. 如何正确检查行李舱？主要包括哪些项目？
9. 如何进行车底检查？主要包括哪些项目？
10. 何谓汽车动态检查？其目的是什么？主要包括哪些内容？
11. 如何进行汽车路试前的准备工作？
12. 如何正确检查发动机的工作性能？
13. 如何正确进行汽车路试检查？
14. 如何正确检查自动挡汽车的自动变速器的工作性能？
15. 路试后要进行哪些检查工作？
16. 为何要利用仪器进行二手车检查？常用检测仪器设备有哪些？
17. 汽车技术状况划分为 A、B、C 三个等级的依据是什么？
18. 在网上搜索了解《新能源乘用车二手车鉴定评估技术规范》征求意见稿的基本内容。

第七章
二手车评估的基本方法

通过本章的学习,你应能:
1. 叙述汽车评估的基本方法;
2. 知道几种评估方法;
3. 分析在二手车评估中应采用的方法;
4. 正确完成二手车评估的价格计算。

长期以来,我国二手车的鉴定评估一直沿用国内贸易部《旧机动车交易管理办法》和《国有资产评估管理办法》的相关方法进行。由于在汽车进入普通百姓家以前,我国较早的汽车基本上都是国有或集体资产,归在固定资产中机器设备的类别中进行管理,所以同其他资产评估一样,一直按照资产评估的理论进行二手车鉴定估价,且采用四种基本方法,即:现行市价法、收益现值法、清算价格法和重置成本法。

目前我国的私家车保有量越来越大,二手车置换、二手车交易越来越普遍,为适应这种变化,《二手车鉴定评估技术规范》(GB/T 30323—2013)简化了二手车价值评估的基本方法,规定以后的二手车价值评估主要采用现行市价法和重置成本法两种。

第一节 现行市价法

 现行市价法的概念

现行市价法,是以市场上同类车辆的现行市场价格为基础,借此确定被评估车辆价值的一种评估方法。从理论上讲,市场价格是假定在一个公开竞争的市场价格上的协商价格,是买卖双方在某一时间都认可的价格。买卖双方都有了解其他市场的机会,也都有时间为鉴定做准备。因此,市场价值能够被认可。

 现行市价法的运用方法

评估价值为相同车型、配置和相同技术状况鉴定检测分值的车辆近期的交易价格;如无参照,可从本区域本月内的交易记录中调取相同车型、相近分值,或从相邻区域的成交记录中调取相同车型、相近分值的成交价格,并结合车辆技术状况鉴定分值加以修正。

 现行市价法应用的前提条件

1. 市场条件

采用现行市价法需要有一个充分发育、活跃的二手车交易市场,有充分的参照物可取,即要有二手车交易的公开市场。在这个市场上有众多的卖者和买者,交易充分平等,这样可以排除交易的偶然性和特殊性。市场成交的二手车价格可以准确反映市场行情,评估结果更公平、公正,双方都易接受。

2. 参照物

参照物及其与被评估车辆可比较的指标、技术参数等资料是可收集到的,并且价值影响因素明确,可以量化。运用现行市价法,重要的是要能够找到与被评估车辆相同或相类似的参照物,并且参照物是近期的、可比较的。所谓近期,即指参照物交易时间与车辆评估基准日相差时间相近,一般在一个季度之内。所谓可比,即指车辆在规格、型号、功能、性能、内部结构、新旧程度及交易条件等方面不相上下。参照物的数量,按照市价法的通常做法,参照物一般要在三个以上。因为运用市价法进行二手车价格评估,二手车的价位高低在很大程度上取决于参照物成交价格水平。而参照物成交价不仅仅是参照物自身价值的体现,还要受买卖双方交易地位、交易动机、交易时限等因素影响。因此,在评估中除了要求参照物与评估对象在功能、交易条件和成交时间上有可比性,还要考虑参照物的数量。

采用现行市价法评估的步骤

1. 收集资料

收集评估对象的资料,包括车辆的类别名称、型号、性能、生产厂家及出厂年月,了解车辆目前使用情况、实际技术状况以及尚可使用的年限等。

2. 选定类比车辆

采用现行市价法评估所选定的类比车辆必须具有可比性,可比性因素包括以下几项:

(1)车辆型号。采用现行市价法评估所选定的类比车辆的型号应当一致。

(2)车辆制造厂家。采用现行市价法评估所选定的类比车辆应是同一车辆制造厂家生产的产品。

(3)车辆来源。采用现行市价法评估所选定的类比车辆来源应当相似。例如同属于私用、公务、商务或是营运出租车辆。

(4)车辆使用年限、行驶里程数。采用现行市价法评估所选定的类比车辆的使用年限、行驶里程数应当类似。

(5)车辆实际技术状况。采用现行市价法评估所选定的类比车辆的实际技术状况应当类似。

(6)市场状况。采用现行市价法评估所选定的类比车辆所处的市场状况应当类似。例如处于衰退萧条或是复苏繁荣,供求关系是买方市场还是卖方市场。

(7)交易动机和目的。车辆出售是以清偿为目的或是以淘汰转让为目的;买方是获利转手倒卖或是购后自用。不同情况交易作价往往有较大的差别。

(8)车辆所处的地理位置。不同地区的交易市场,同样车辆的价格有较大的差别。

(9)成交数量。单台交易与成批交易的价格会有一定差别。

(10)成交时间。应尽量采用近期成交的车辆作类比对象。市场随时间变化,往往受通货膨胀及市场供求关系变化的影响,车辆价格波动很大。

按以上可比性因素选择参照对象,一般要选择与被评估对象相同或相似的三个以上的交易案例。找不到多台可类比的对象时,应按上述可比性因素,仔细分析选定的类比对象是否具有一定的代表性,要认定其成交价的合理性,才能作为参照物。

3. 分析、类比

综合上述可比性因素,对待评估的车辆与选定的类比对象进行认真的分析比较、量化和调整。综合被评估车辆与参照物之间的各种可比性因素,对其作用程度加以确定,并尽可能地予以量化、调整。

(1) 销售时间差异的量化。在选择参照物时应尽可能选择评估基准日的成交案例,以免去销售时间差异的量化步骤。若参照物的交易时间在评估基准日之前,可采用价格指数法将销售时间差异量化并调整。

(2) 车辆性能差异的量化。车辆性能差异的具体表现是车辆运营成本的差异。可以通过测算超额运营成本的方法将性能方面的差异量化。

(3) 新旧程度的差异及量化。被评估机动车与参照物在新旧程度上不一定会完全一致,这就要求评估人员对被评估机动车与参照物的新旧程度作出基本判断。在取得被评估机动车和参照物成新率后,以参照物价格乘以被评估机动车与参照物成新率之差,即可得到两个机动车新旧程度的差异量:

新旧程度差异量 = 参照物价格 × (被评估机动车成新率 − 参照物成新率)

(4) 销售数量的差异及量化。销售量的大小、采用何种付款方式均会对汽车成交价格产生影响。对这两个因素在被评估机动车与参照物之间的差异应先了解清楚,然后根据具体情况作出必要的调整。一般来说,卖主充分考虑货币的时间价值,会以较低的单价吸引购买者(常为经纪人)多买二手车,因为尽管价格比零售价低,但可提前收到货款。销售数量的不同会造成成交价格的差异,必须对此差异进行分析,适当调整被评估机动车的价值。

(5) 付款方式的差异及量化。在二手车交易中,绝大多数为现款交易。在我国一些经济较活跃的地区已出现了二手车的银行按揭销售。银行按揭的二手车与一次性付款的二手车的价格差异由两部分组成,一是银行的贷款利息,贷款利息按贷款的年限确定;二是汽车按揭保险费,各保险公司的机动车按揭保险费率不完全相同,会有一些差异。找出主要差异后,对其作用程度要加以确定且予以量化,并作出相应的调整。

4. 汇总差异量化值,求出车辆评估值

对上述各差异因素量化值进行汇总,给出车辆的评估值。以数学表达式表示为:

被评估车辆的价值 = 参照物现行市价 ± ∑差异量

被评估车辆的价值 = 参照物现行市价 × 差异调整系数

用现行市价法进行评估,要全面了解市场情况,这是现行市价法评估的关键。

5. 采用现行市价法的优缺点

用现行市价法得到的评估值能够客观反映二手车目前的市场情况,其评估的参数、指标可直接从市场获得,评估值能反映市场现实价格。因此,评估结果易于被各方面理解和接受。这种方法的不足是需要以公开及活跃的市场作为基础,有时寻找参照对象困难。可比因素多而复杂,即使是同一个生产厂家生产的同一型号的产品,同一天登记,由于被不同的车主使用,它的使用强度、使用条件、维修水平不同,其实体损耗、新旧程度也都各不相同。

（五）现行市价法评估应用举例

下面用实例说明利用现行市价法估算车辆价格的具体计算过程。

例 7-1 评估人员在对某辆汽车进行评估时,选择了三个近期成交的与被评估车辆类别、结构基本相同,经济技术参数相近的车辆作为参照物。参照物与被评估车辆的一些具体经济技术参数见表 7-1。

车辆及参照物的有关经济技术参数　　表 7-1

序号	经济技术参数	计量单位	参照物 A	参照物 B	参照物 C	被评估车辆
1	车辆交易价格	元	50000	65000	40000	—
2	销售条件	—	公开市场	公开市场	公开市场	公开市场
3	交易时间	—	6 个月前	2 个月前	10 个月前	—
4	已使用年限	年	5	5	6	5
5	尚可使用年限	年	5	5	4	5
6	成新率	%	60	75	55	70
7	年平均维修费用	元	20000	18000	25000	20000
8	每百公里油耗	L	25	22	28	24

1. 对评估车辆与参照物之间的差异进行比较、量化

(1) 销售时间的差异。根据收集到的资料表明,在评估之前到评估基准日之间的一年内,物价指数大约每月上升0.5%。各参照物与被评估车辆由于时间差异所产生的差额如下。

被评估车辆与参照物 A 相比较晚 6 个月,价格指数上升 3%,其差额为:
$$50000 \text{ 元} \times 3\% = 1500 \text{ 元}$$

被评估车辆与参照物 B 相比较晚 2 个月,价格指数上升 1%,其差额为:
$$65000 \text{ 元} \times 1\% = 650 \text{ 元}$$

被评估车辆与参照物 C 相比较晚 10 个月,价格指数上升 5%,其差额为:
$$40000 \text{ 元} \times 5\% = 2000 \text{ 元}$$

(2) 车辆的性能差异。

① 按每日运营 150km、每年平均出车 250 天,计算各参照物与被评估车辆每年由于燃料消耗的差异所产生的差额。燃料价格按 6.4 元/L 计算。

A 车每年比评估车辆多消耗的燃料费用为:
$$(25L - 24L) \times 6.4 \text{ 元/L} \times 150/100 \times 250 = 2400 \text{ 元}$$

B 车每年比评估车辆少消耗的燃料费用为:
$$(24L - 22L) \times 6.4 \text{ 元/L} \times 150/100 \times 250 = 4800 \text{ 元}$$

C 车每年比评估车辆多消耗的燃料费用为:
$$(28L - 24L) \times 6.4 \text{ 元/L} \times 150/100 \times 250 = 9600 \text{ 元}$$

② 各参照物与被评估车辆每年由于维修费用的差异所产生的差额如下。

A 车与被评估车辆每年维修费用的差额为:
$$20000 \text{ 元} - 20000 \text{ 元} = 0 \text{ 元}$$

B 车比被评估车辆每年少花费的维修费用为:
$$20000 \text{ 元} - 18000 \text{ 元} = 2000 \text{ 元}$$

C 车比被评估车辆每年多花费的维修费用为:
$$25000 \text{ 元} - 20000 \text{ 元} = 5000 \text{ 元}$$

③ 由于运营成本不同,各参照物每年与被评估车辆的差异如下。

A 车比被评估车辆每年多花费的运营成本为:
$$2400 \text{ 元} + 0 \text{ 元} = 2400 \text{ 元}$$

B 车比被评估车辆每年少花费的运营成本为:
$$4800 \text{ 元} + 2000 \text{ 元} = 6800 \text{ 元}$$

C车比被评估车辆每年多花费的运营成本为：
$$9600 元 + 5000 元 = 14600 元$$

④取所得税率为33%，则税后各参照物每年比被评估车辆多(或少)花费的运营成本如下。

税后A车比被评估车辆每年多花费的运营成本为：
$$2400 元 \times (1 - 33\%) = 1608 元$$

税后B车比被评估车辆每年少花费的运营成本为：
$$6800 元 \times (1 - 33\%) = 4556 元$$

税后C车比被评估车辆每年多花费的运营成本为：
$$14600 元 \times (1 - 33\%) = 9782 元$$

⑤使用的折现率为10%，则在剩余的使用年限内，各参照物比被评估车辆多(或少)花费的运营成本如下。

A车比被评估车辆多花费的运营成本折现累加为：
$$1608 \times (P/A, 10\%, 5) = 1608 元 \times 3.7908 \approx 6096 元$$

B车比被评估车辆少花费的运营成本折现累加为：
$$4556 元 \times (P/A, 10\%, 5) = 4556 元 \times 3.7908 \approx 17271 元$$

C车比被评估车辆多花费的运营成本折现累加为：
$$9782 元 \times (P/A, 10\%, 5) = 9782 元 \times 3.7908 \approx 37082 元$$

(3)成新率的差异。

A车与被评估车辆，由于成新率的差异所产生的差额为：
$$50000 元 \times (70\% - 60\%) = 5000 元$$

B车与被评估车辆，由于成新率的差异所产生的差额为：
$$65000 元 \times (70\% - 75\%) = -3250 元$$

C车与被评估车辆，由于成新率的差异所产生的差额为：
$$40000 元 \times (70\% - 55\%) = 6000 元$$

2. 根据被评估车辆与参照物之间差异的量化结果，确定车辆的评估值

(1)初步确定车辆的评估值。

与参照物A相比分析调整差额，初步评估的结果为：
$$车辆评估值 = 50000 元 + 1500 元 + 6096 元 + 5000 元 = 62596 元$$

与参照物B相比分析调整差额，初步评估的结果为：

车辆评估值 = 65000 元 + 650 元 - 17271 元 - 3250 元 = 45129 元

与参照物 C 相比分析调整差额，初步评估的结果为：

车辆评估值 = 40000 元 + 2000 元 + 37082 元 + 6000 元 = 85082 元

（2）综合定性分析，确定车辆的评估值。从上述初步估算的结果可知，按三个不同的参照物进行比较测算，初步估算的结果最多相差 39953 元（85082 元 - 45129 元 = 39953 元）。其中一部分原因是三个参照物的成新率不同（参照物 A 为 60%，参照物 B 为 75%，参照物 C 为 55%）。另外，在选取有关的经济技术参数时也可能存在误差。为减少误差，结合考虑被评估车辆与参照物的相似程度，决定采用加权平均法确定评估值。参照物 B 的交易时间离评估基准日较接近（仅隔两个月），且已使用年限、尚可使用年限、成新率等都与被评估车辆最相近。由于它的相似程度比参照物 A、C 更高，故决定选取参照物 B 的加权系数为 60%。参照物 A 的交易时间、已使用年限、尚可使用年限、成新率等比参照物 C 的相似程度更高，故决定取参照物 A 的加权系数为 30%。取参照物 C 的加权系数为 10%。加权平均后，车辆的评估值为：

车辆评估值 = 45192 元 × 60% + 62596 元 × 30% + 85082 元 × 10% ≈ 54364 元

第二节 重置成本法

重置成本法，是指在车辆能够继续使用的前提下，重新购置一辆全新状态的被评估车辆所需的全部成本中，减去累积应计损耗后，所求得的一个价值指标的方法。

重置成本法可分为复原重置成本和更新重置成本。在进行重置成本计算时，如果同时可以取得复原重置成本和更新重置成本，通常选用更新重置成本。因为使用新工艺、新设计等，更新重置成本通常比复原重置成本更便宜。在市场经济条件下，没有一个理性的购买者会出高价而不出低价来购买相同功能的车辆。基于这样的认识，便宜是选择复原重置成本或更新重置成本作为估算重置成本的依据。考虑到使用了新工艺、新设计等可以提高车辆的使用性能、减少成本耗用，故评估时一般选用更新重置成本。

如前所述，重置成本分复原重置成本和更新重置成本。一般来说，复原重置成本大于更新重置成本，但由此引致的功能性损耗也大。在选择重置成本时，在获得复原重置成本和更新重置成本的情况下，应选择更新重置成本。之所以要选择更新重置成本，一方面随着科学技术的进步、劳动生产率的提高，新工艺、新设计的采用被社会普遍接受;另一方面,新型设计、工艺制造的车辆无论从其使用性能,还是成本耗用方面都会优于旧的机动车辆。

更新重置成本和复原重置成本的相同方面在于采用的都是车辆现时价格,不同方面在于技术、设计、标准方面的差异,对于某些车辆,其设计、耗费、格式几十年一贯制,更新重置成本与复原重置成本是一样的。应该注意的是,无论更新重置成本还是复原重置成本,车辆本身的功能不变。

（一）重置成本法的运用方法

当被评估的二手车无任何参照物时,使用重置成本法计算车辆价值,即：

车辆评估价值 = 更新重置成本 × 综合成新率

其中,更新重置成本为相同型号、配置的新车在评估基准日的市场零售价格;综合成新率由技术鉴定成新率与年限成新率组成,即：

年限成新率 = 预计车辆剩余使用年限/车辆使用年限

乘用车使用年限15年,超过15年的按实际年限计算;有年限规定的车辆、营运车辆按实际要求计算。综合成新率由评估人员根据市场行情等因素确定。

（二）车辆重置成本的估算

重置成本也称为重置全价,是指与被评估车辆相同或相似的全新车辆的取得成本。重置成本具体包括车辆的重置费、运输费、税率等。在评估实践中,重置全价的估算方法应根据被评估车辆的具体情况加以选择。常用的方法主要有重置核算法、指数调整法和类比分析法。

1. 重置核算法

重置核算法也称直接法,它是按待评车辆的成本构成,以现行市价为标准,计算被评估车辆重置全价的一种方法。重置核算法将车辆按成本构成分成若干组成部分,先确定各组成部分的现时价格,然后加总得出待评估车辆的重置全价。

重置成本的构成可分为直接成本和间接成本两部分。直接成本是指直接可以构成车辆成本的支出部分。具体来说是按现行市价的买价,加上运输费、购置税、消费税、人工费等;间接成本是指购置车辆发生的管理费、专项贷款发生的利息、注册登记手续费等。

以直接法取得的重置成本,无论国产或进口车辆,尽可能采用国内现行市场价作为车辆评估的重置成本全价。市场价可通过市场信息资料(如报纸、专业杂志和专业价格资料汇编等)和车辆制造商、经销商询价取得。

旧车重置成本全价的构成一般分下述两种情况考虑:

(1)属于所有权转让的经济行为,可按被评估车辆的现行市场成交价格作为被评估车辆的重置全价,其他费用略去不计;

(2)属于企业产权变动的经济行为(如企业合资、合作和联营、企业分设、合并和兼并等),其重置成本构成除了考虑被评估车辆的现行市场购置价格以外,还应考虑将国家和地方政府对车辆加收的其他税费(如车辆购置税、教育费附加、牲控定编费、车船使用税等)一并计入重置成本全价。

2. 指数调整法

指数调整法也称物价指数法或物价指数调整法,它是在旧车辆原始成本基础上,通过现时物价指数确定其重置成本。指数调整法的计算公式为:

车辆重置成本 = 车辆原始成本 × 车辆评估时物价指数/车辆购买时物价指数

或:

车辆重置成本 = 车辆原始成本 × (1 + 物价变动指数)

如果被评估车辆是淘汰产品或是进口车辆,当查询不到现时市场价格时,这是一种很有用的方法。运用指数调整法时应注意的问题是一定要先检查被评估车辆的账面购买原价。如果购买原价不准确,则不能用物价指数法。用指数调整法计算出的值,即为车辆重置成本值。运用指数调整法时,如果现在选用的指数与评估规定的对象的评估基准日之间有一段时间差,则这一时间差内的价格指数可由评估者依据近期内的指数变化趋势结合市场情况确定。指数调整法要尽可能选用有法律依据的国家统计部门或物价管理部门以及政府机关发布和提供的数据,有的可取自有权威性的国家政策部门所辖单位提供的数据,不能选用无依据、不明来源的数据。

3. 类比分析法

类比分析法就是选择类似参照物,通过对比分析、调整差异的方法确定完全重置成本。类比分析法实际上是采用现行市价法来评估重置成本的方法。

(三) 车辆有形损耗及成新率的估算

车辆有形损耗也称为车辆的实体性贬值,它是由于使用磨损和自然损耗形成的。有形损耗也称实体性贬值,是指机动车在存放和使用过程中,由于物理和化学原因而导致的车辆实体发生的价值损耗,即由于自然力的作用而发生的损耗。二手车一般都不是全新状态的,因而大都存在实体性贬值。确定实体性贬值,通常依据新旧程度,包括表体及内部构件、部件的损耗程度。假如用损耗率来衡量一辆全新的车辆,其实体性贬值为零,而一辆报废的车辆,其实体性贬值为100%,处于其他状态下的车辆,其实体性贬值率则位于其间。有形损耗与成新率是同一事物的两方面,有形损耗用相对数来表示,它的余数就是成新率,即:

$$成新率 = 1 - 有形损耗率$$

或:

$$有形损耗率 = 1 - 成新率$$

估测车辆的成新率或有形损耗率,通常采用以下方法。

1. 使用年限法

使用年限法方法假设车辆在整个使用寿命期间,有形损耗与时间呈线性递增关系。使用年限法的计算公式为:

$$成新率 = (1 - 车辆已使用年限/车辆总使用年限) \times 100\%$$

从上面公式可知,运用使用年限法估算车辆的成新率,必须首先确定两个参数:车辆总使用年限、车辆已使用年限。

(1)车辆总使用年限。车辆的总使用年限也就是车辆的使用寿命。对于正常使用的车辆,当采用使用年限法估算成新率或有形损耗时,应以车辆的规定使用期限作为其总使用年限。我国汽车的规定使用年限,是指1997年7月15日国经贸经〔1997〕456号文件《汽车报废标准》(1997年修订)和1998年7月7日国经贸经〔1998〕407号文件《关于调整轻型载货汽车报废标准的通知》中规定的使用年限,即带拖挂的载货汽车、矿山作业专用车及各类出租汽车的使用年限为8年,其他车辆的使用年限为10年。此外,当车辆技术条件符合下列情况之一者,均应提前予以报废:

①燃料消耗高于原厂规定15%的;

②微型载货汽车(含越野型)、矿山作业专用车累计行驶30万km,重、中、轻型载货汽车累计行驶40万km,特大、大、中、轻、微型客车(含越野型)、轿车累计行驶50万km,其他车辆累计行驶45万km的;

③车型淘汰,无配件来源的;

④经修理和调整后,仍达不到《机动车运行安全技术条件》(GB 7258—2017)要求的;

⑤经修理和调整或采用排污控制技术后,排放污染物仍超过国家规定的汽车排放标准的;

⑥因各种原因造成车辆严重损坏或技术状况低劣,无法修复的;

⑦对于经过三次大修或一次大修费用达车辆原值 1/2 的车辆,通常也应予以提前报废。

(2)车辆已使用年限。车辆已使用年限是指车辆从开始使用到评估基准日所经历的时间。这种计量的前提条件是车辆的正常使用条件和正常使用强度。在实际评估中,运用已使用年限指标时,应特别注意车辆的实际使用情况,而不是简单的日历天数。例如,对于某些以双班制运行的车辆,其实际使用时间为正常使用时间的 2 倍,因此该车辆的已使用年限,应该是车辆从开始使用到评估基准日所经历时间的 2 倍。

2. 部件鉴定法

部件鉴定法(也称技术鉴定法)是对二手车评估时,按其组成部分对整车的重要性和价值量的大小来加权评分,最后确定成新率的一种方法。

部件鉴定法的基本步骤为:

(1)将车辆分成若干个主要部分,根据各部分建造成本占车辆建造成本的比例,按一定百分比确定权重。

(2)以全新车辆各部分的功能为标准,若某部分功能与全新车辆对应部分的功能相同,则该部分的成新率为 100%;若某部分的功能完全丧失,则该部分的成新率为 0。

(3)根据若干部分的技术状况给出各部分的成新率,分别与各部分的权重相乘,即得某部分的权重成新率。

(4)将各部分的权重成新率相加,即得到被评估车辆的成新率。

表 7-2 所示为车辆各部分的价值权重参考表。由于在不同类型、档次的车辆上,各组成部分对整车的重要性及其价值占整车的比例各不相同,有些类型车辆之间相差很大。因此表 7-2 只能供评估人员参考,不可作为唯一标准。在实际评估时,应根据车辆各部分价值量占整车价值的比例,调整各部分的权重。

部件鉴定法费时费力,车辆各组成部分权重难以掌握,但评估值更接近客观实际,可信度高。它既考虑了车辆的有形损耗,也考虑了车辆由于维修或换件等追加投资使车辆价值发生的变化。这种方法一般用于价值较高的车辆的价格评估。

车辆各部分价值权重参考表　　　　　　　表7-2

总成部件	类别		
	轿车	客车	货车
	权重(%)		
发动机及离合器总成	25	28	25
变速器及传动轴总成	12	10	15
前桥、转向器及前悬架总成	9	10	15
后桥及后悬架总成	9	10	15
制动装置	6	5	5
车架装置	0	5	6
车身装置	28	22	9
电器及仪表装置	7	6	5
轮胎	4	4	5

3. 整车观测法

整车观测法主要是通过评估人员的现场观察和技术检测,对被评估车辆的技术状况进行鉴定、分级,以确定成新率的一种方法。

运用整车观测法应观察、检测或搜集的技术指标主要包括:车辆的现时技术状态;车辆的使用时间及行驶里程;车辆的主要故障经历及大修情况;车辆的外观和完整性等。

运用整车观测法估算车辆的成新率时,还必须确定划分不同档次成新率的标准,并规定不同档次的技术标准。表7-3为一般车辆成新率判定标准的经验依据,只能供评估人员参考,不可作为唯一标准。运用整车观测法估测车辆的成新率,要求评估人员必须具有一定的专业水平和相当的评估经验。这是运用整车观测法正确判断车辆成新率的基本前提。

车辆成新率评估参考表

表 7-3

车况等级	新旧情况	有形损耗率（%）	技术状况参考说明	成新率（%）
1	使用不久的车辆	0~10	使用不久，行驶里程在 3 万~5 万 km。在用状态良好，能按设计要求正常使用，无异常现象	100~90
2	较新轿车	11~35	已使用 1 年以上，行驶里程在 15 万 km 左右。在用状态良好，能满足设计要求，未出现过较大故障，可随时出车使用	89~65
3	半新轿车	36~60	已使用 4~5 年。发动机或整车经过一次大修，在用状态较好，基本上能达到设计要求，需经常维修以保证正常使用	64~40
4	旧车辆	61~85	已使用 5~8 年。发动机或整车经过两次大修，在用状态一般，性能明显下降，外观油漆脱落，金属件明显锈蚀，使用中故障较多，经维修后仍能满足工作要求，车辆符合《机动车运行安全技术条件》（GB 7258—2017）相关规定	39~15
5	待报废处理车辆	86~100	已达到规定使用期限或性能严重劣化，目前已不能正常使用或停用，即将报废待更新	<15

整车观测法的判断结果没有部件鉴定法准确,一般用于中、低价值车辆成新率的初步估算,或作为利用综合分析法确定车辆成新率的参考依据。

4.综合分析法

前面介绍的使用年限法、整车观测法和部件鉴定法(也称技术鉴定法)三种方法计算的成新率分别称为使用年限成新率、整车观测成新率和现场查勘成新率。这三个成新率的计算只考虑了旧机动车的一个因素。因而就它们各自所反映的机动车的新旧程度而言,是不完全也不完整的。

综合分析法,是以使用年限法为基础,综合考虑车辆的实际技术状况、维护情况、原车制造质量、工作条件及工作性质等因素的影响,以系数调整后,确定成新率的一种方法。综合分析法的计算公式为:

成新率 = (1 − 车辆已使用年限/车辆总使用年限) × 综合调整系数 × 100%

在上面公式中,车辆已使用年限和车辆总使用年限,确定方法与使用年限法中所述的方法相同。车辆综合调整系数可参照表7-4中所推荐的数据,用加权平均的方法确定。

车辆综合调整系数 表7-4

影响因素	因素分级	调整系数	权重(%)
技术状况	好	1.2	30
	较好	1.1	
	一般	1	
	较差	0.9	
	差	0.8	
维护情况	好	1.1	25
	一般	1	
	较差	0.9	
制造质量	进口	1.1	20
	国产名牌	1	
	国产非名牌	0.9	
工作性质	私用	1.2	15
	公务、商务	1	

续上表

影响因素	因素分级	调整系数	权重(%)
工作性质	营运	0.7	15
工作条件	较好	1	10
	一般	0.9	
	较差	0.8	

综合分析法较复杂、费时、费力，但它充分考虑影响车辆价值的各种因素，评估结果的准确度较高，适合对中等价值车辆的评估。

5. 四种成新率估算方法的应用场合

(1) 使用年限法。使用年限法一般适用于价值量较低的车辆的评估。

(2) 部件鉴定法。部件鉴定法适用于价值较高的机动车辆的评估。

(3) 整车观测法。整车观测法主要用于中、低价值的旧机动车的初步估算，或作为综合分析法鉴定估价考虑的因素之一。

(4) 综合分析法。综合分析法一般适用于中等价值的车辆的评估。

（四）车辆功能性损耗的估算

由于技术的发展，不仅购置全新的车辆比车辆的复原重置成本低，而且新车的性能更高、运营费用更低，因此原有车辆将出现功能性损耗（贬值）。车辆的功能性损耗的具体表现形式有两种：一种是由于超额投资成本所致的功能性损耗，也称为一次性功能贬值；另一种是由超额运营成本所致的功能性损耗，也称为运营性功能贬值。

1. 一次性功能贬值的测定

对目前在市场上能购买到的且有制造厂家继续生产的全新车辆，一般采用市场价即可认为该车辆的功能性贬值已包含在市场价中。从理论上讲，同样的车辆其复原重置成本与更新重置成本之差即是该车辆的一次性功能性贬值。但在实际评估工作中，具体计算某车辆的复原重置成本是比较困难的，一般就用更新重置成本（即市场价）作为已考虑其一次性功能贬值。

在实际评估时经常遇到的情况是：待评估车辆的型号是现已停产或是国内自然淘汰的车型，这样就没有实际的市场价，只有采用参照物的价格用类比法来估算。参照物一般采用替代型号的车辆。这些替代型号的车辆其功能通常比原车型有所改进和增加,故其价值通常会比原车型的价格要高(功能性贬值大时,也有价格更降低的)。故在与参照物比较,用类比法对原车型进行价值评估时,一定要了解参照物在功能方面改进或提高的情况,再按其功能变化情况测定原车辆的价值,总的原则是被替代的旧型号车辆其价格应低于新型号的价格。这种价格有时是相差很大的。评估这类车辆的主要方法是设法取得该车型的市场现价或类似车型的市场现价。

2. 运营性功能贬值的估算

测定运营性功能贬值的步骤:

(1) 选定参照物,并与参照物对比,找出运营成本有差别的内容和差别的量值;

(2) 确定原车辆尚可继续使用的年限;

(3) 查明应上缴的所得税率及当前的折现率;

(4) 通过计算超额收益或成本降低额,最后计算出运营性陈旧贬值。

例 7-2 A、B 两台 8t 载货汽车,重置全价基本相同,其运营成本见表 7-5。求 A 车的功能性贬值。

两车运营成本比较 表 7-5

项 目	A 车	B 车
耗油量(L/100km)	25	22
每年维修费用(万元)	3.5	2.8

按每日运营 150km、每年平均出车日为 250 天计算,每升油价 6.4 元,则 A 车每年超额耗油费用为:

$$(25 - 22) \div 100 \times 150 \times 6.4 \times 250 = 7200(元)$$

A 车每年超额维修费用为:

$$35000 - 28000 = 7000(元)$$

A 车总超额运营成本为:

$$7200 + 7000 = 14200(元)$$

取所得税率 33%,则税后超额运营成本为:

$$14200 \times (1 - 33\%) = 9514(元)$$

取折现率为 11%,并假设 A 车将继续运行 5 年,11% 折现率 5 年的折现系数为 3.696,则 A 车的运营性贬值为:

$$9514 \times 3.696 \approx 35163.74(元)$$

五、车辆经济性损耗的估算

经济性贬值是由机动车辆外部因素引起的。外部因素不论多少,对车辆价值的影响不外乎两类:一是造成运营成本上升;二是导致车辆闲置。二手车的经济性贬值通常与所有者或经营者有关,一般对单个二手车而言没有意义,因外部原因导致的运营成本上升和车辆闲置,对二手车本身价值影响不大。因此,对单个二手车进行评估时不考虑经济性贬值,这是由于二手车是否充分使用,在有形损耗的实际使用年限上给予了考虑。由于造成车辆经济性贬值的外部因素很多,并且造成贬值的程度也不尽相同,所以在评估时只能统筹考虑这些因素,而无法单独计算其造成的贬值。经济性贬值评估的思考方法如下:车辆经济性贬值的估算主要以评估基准日以后是否停用、闲置或半闲置作为估算依据;已封存或较长时间停用,且在近期内仍将闲置,但今后肯定要继续使用的车辆,最简单的估算方法是按其可能闲置时间的长短及其资金成本估算其经济贬值;根据市场供求关系估算其贬值。

六、重置成本法评估应用举例

例 7-3 某公司欲出售一辆进口高档轿车,根据调查,目前全新的此款车的售价为 35 万元。至评估基准日止,该车已使用了 2 年 6 个月,累计行驶里程 6.5 万 km。经现场勘察,该车车身有两处擦伤痕迹,后悬架局部存在故障,前排座椅电动装置工作不良,一侧电动车窗不能正常工作,发电机工作不正常,其他车况均与车辆的新旧程度不符。试评估该车价格。

(1)根据调查、比较,该车的重置成本为 35 万元,功能性损耗、经济性损耗均很小,可忽略不计。

(2)由于被评估车辆的价值较高,故决定采用部件鉴定法确定其成新率。

根据被评估车辆上各主要部分的价值及重要性占整车价值及重要性的比例,按百分比确定各部分的权重,见表 7-6。

车辆各部分的权重表　　　　表 7-6

总成部件	发动机及其控制系统	变速驱动桥及控制系统	悬架与车桥	制动及转向系统	车身及附属装置	电气及仪表装置	轮胎
权重(%)	30	15	12	12	25	4	2

(3) 对车辆进行技术鉴定，确定车辆各部分的成新率及整车的成新率，见表7-7。

车辆成新率估算明细表　　　　　　表7-7

总成部件	权分(%)	成新率(%)	加权成新率(%)
发动机及其控制系统	30	80	24
变速驱动桥及控制系统	15	80	12
悬架与车桥	12	65	7.8
制动及转向系统	12	80	9.6
车身及附属装置	25	70	17.5
电气及仪表装置	4	70	2.8
轮胎	2	80	1.6
合计	100	—	75.3

(4) 计算车辆的评估值。

车辆的评估值 = 350000元 × 75.3% = 263550(元)

第三节　评估报告主要内容与基本要求

一、二手车鉴定评估程序和鉴定评估报告书的规范

二手车鉴定评估工作程序前已叙述。工作规范严格按照申请、验证、技术鉴定、评估和建立二手车鉴定评估报告档案管理制度的程序执行。评估报告档案是管理部门对二手车交易市场或鉴定评估机构组织管理水平、评估人员的业务能力及评估质量进行评价的重要依据。二手车交易市场或鉴定评估机构应由专人负责管理二手车鉴定评估报告书，形成完整的评估档案，评估档案应保留到评估车辆达到法定报废年限为止。二手车鉴定评估报告书必须按照规范文本出具，报告书分为正文和附件两部分。

1. 二手车鉴定评估报告书的规范文本

旧机动车鉴定评估报告书的规范文本如下。

二手车鉴定评估报告书(示范文本)

××鉴定评估机构评报字(202 年)第××号

(一)绪言

××(鉴定评估机构)接受××××的委托,根据国家有关二手车鉴定评估人员的规定,本着客观、独立、公正、科学的原则,按照公认的二手车鉴定评估方法,对×××(车辆)进行了鉴定评估。本机构鉴定评估人员按照必要的程序,对委托鉴定评估车辆进行了实地查勘与市场调查,并对其在×××年××月××日所表现的市场价值作出了公允反映。现将车辆评估情况及鉴定评估结果报告如下。

(二)委托方与车辆所有方简介

委托方××××,委托方联系人×××,联系电话:××××××××。

根据机动车行驶证所示,委托车辆车主×××。

(三)评估目的

根据委托方的要求,本项目评估目的。

☐ 交易 ☐ 转籍 ☐ 拍卖 ☐ 置换

☐ 抵押 ☐ 担保 ☐ 咨询 ☐ 司法裁决

(四)评估对象

评估车辆的厂牌型号(   );

号牌号码(   );

发动机号(   );

车辆识别代号/车架号(   );

登记日期(   );

年审检验合格至   年   月;

公路费交至   年   月;

购置附加税(费)证(   );

车船使用税(   )。

(五)鉴定评估基准日

鉴定评估基准日   年   月   日。

(六)评估原则

严格遵循"客观性、独立性、公正性、科学性"原则。

（七）评估依据

1. 行为依据

旧机动车评估委托书第　　号。

2. 法律、法规依据

(1)《国有二手车鉴定评估人员管理办法》(国务院令第91号)；

(2)《摩托车报废标准暂行规定》(国家经济贸易委员会　国家发展计划委员会　公安部　国家环境保护总局令第33号)；

(3)原国家国有资产管理局《关于印发〈国有二手车鉴定评估人员管理办法施行细则〉的通知》(国资办发〔1992〕36号)；

(4)原国家国有资产管理局《关于转发〈二手车鉴定评估人员操作规范意见(试行)〉的通知》(国资办发〔1996〕23号)；

(5)国家经贸委等部门《汽车报废标准》(国经贸经〔1997〕456号)、《关于调整轻型载货汽车及其补充规定》(国经贸经〔1998〕407号)、《关于调整汽车报废标准若干规定的通知》(国经贸资源〔2000〕1202号)、《农用运输车报废标准》(国经贸资源〔2001〕234号)等；

(6)其他相关的法律、法规等。

3. 产权依据

委托鉴定评估车辆的机动车登记证书编号：××××

4. 评定及取价依据

(1)技术标准资料：

(2)技术参数资料：

(3)技术鉴定资料：

(4)其他资料：

（八）评估方法

□　重置成本法　　□　现行市价法　　□　收益现值法　　□　其他

（九）评估过程

按照接受委托、验证、现场查勘、评定估算、提交报告的程序进行。

（十）评估结论

车辆评估价格　　元，金额大写　　　　。

（十一）特别事项说明

（十二）评估报告法律效力

1. 本项评估结论有效期为90天，自评估基准日至　　年　　月　　日止。

2. 当评估目的在有效期内实现时,本评估结果可以作为作价参考依据。超过90天,需重新评估。另外在评估有效期内若被评估车辆的市场价格或因交通事故等原因导致车辆的价值发生变化,对车辆评估结果产生明显影响时,委托方也需委托评估机构重新评估。

3. 鉴定评估报告书的使用权归委托方所有,其评估结论仅供委托方为本项目评估目的使用和送交二手车鉴定评估主管机关审查使用,不适用于其他目的;因使用本报告书不当而产生的任何后果与签署本报告书的鉴定估价师无关;未经委托方许可,本鉴定评估机构承诺不将本报告书的内容向他人提供或公开。

附件:
附件一:二手车鉴定评估委托书
附件二:二手车鉴定评估作业表
附件三:车辆行驶证、购置附加税(费)证复印件
附件四:鉴定估价师职业资格证书复印件
附件五:鉴定评估机构营业执照复印件
附件六:二手车照片(要求外观清晰,车辆牌照能够辨认)

注册二手车鉴定估价师　　(签字、盖章)
复核人　　(签字、盖章)
(二手车鉴定评估机构盖章)
年　　月　　日

备注:本报告书和作业表一式三份,委托方两份,受托方一份。

2. 二手车鉴定评估委托书标准文本

二手车鉴定评估委托书标准文本如下(需要填写表7-8):

委托书编号:
二手车鉴定评估机构:
因□交易□转籍□拍卖□置换□抵押□担保□咨询□司法裁决需要,特委托你单位对车辆号牌号码_____车辆类型_____发动机号_____车架号

进行技术状况鉴定并出具评估报告书。

车辆基本信息登记表　　　　　　　　　　表 7-8

车牌					
车主		身份证号码		联系电话	
住址				邮政编码	
法人				联系电话	
住址		身份证号码		邮政编码	
车辆情况	厂牌型号			使用用途	
	载质量/座位			燃料种类	
		年　月　日		车身颜色	
	已使用年限	年　　个月	累计行驶里程(万 km)		
	大修次数	发动机(次)		整车(次)	
	维修情况				
	事故情况				
价值反映	购置日期	年 月 日	(元)		
	车主报价（元）				

填表说明：

1. 若被评估车辆使用用途曾经为运营车辆，需在备注栏中予以说明；

2. 委托方必须对车辆信息的真实性负责，不得隐瞒任何情节，凡由此引起的法律责任及赔偿责任由委托方负责；

3. 本委托书一式两份，委托方、受托方各一份。

委托方：　　（签字、盖章）　　　经办人：　　（签字、盖章）

(×××二手车鉴定评估机构盖章)

　年　月　日　　　　　　　　　　　　年　月　日

3. 二手车鉴定评估表

二手车鉴定评估表见表7-9。

二手车鉴定评估表　　　　　　　　表7-9

车型						
车主		所有权性质	□公　□私	联系电话		
				经办人		
原始情况	厂牌型号		号牌号码		车辆类型	
	车辆识别代号(VIN)			车身颜色		
	发动机号			车架号		
使用情况		年　月			年　月	
	已使用年限	年　月	万 km		使用用途	
交易证件	证件					
	税费					
结构特点						
现时技术状况						
	维护情况			现时状态		
价值反映	账面原值(元)			车主报价(元)		
	重置成本(元)		成新率(%)		评估价格(元)	

续上表

评估价格计算方法	

填表说明：

1. 现时技术状况：必须如实填写对车辆进行技术鉴定的结果，客观真实地反映出二手车主要部分(含车身、底盘、发动机、电气、内饰等)以及整车的现时技术状况。
2. 鉴定评估说明：应详细说明重置成本的计算方法、成新率的计算方法以及评估价格的计算方法。

二手车鉴定估价报告书的撰写

二手车鉴定估价报告书是二手车鉴定评估机构完成某一鉴定估价工作后，向委托方提供说明鉴定估价的评估目的、时间、原则、依据、方法、过程和评估结论等基本情况的公正性、总结性的工作报告。出具该报告的单位应对鉴定估价报告书的结论承担法律责任。

目前使用的二手车鉴定评估报告书的正文有十一大项内容，附件有六个。报告书明确要求鉴定估价报告必须依照客观、公正、实事求是的原则独立撰写，如实反映鉴定估价的工作情况；鉴定估价报告应有委托单位(或个人)的名称、二手车鉴定评估机构的名称和印章；注册二手车鉴定估价师签字、复核人签字且复核人须具有高级鉴定估价师资格、二手车鉴定评估机构盖章以及提供报告的日期。

鉴定估价报告中应写明估价的目的、二手车的状态和产权归属；估价工作遵循的原则和依据的法律法规，简述鉴定估价过程评估的方法；评估基准日。鉴定估价报告还必须给出明确的鉴定估算结果和齐全的附件。

第四节 二手车评估价与销售定价

术语定义

1. 成交价

成交价指二手车市场上的最终成交价格。

2. 客观价

客观价是指二手车的客观价格。

3. 评估价

评估价指二手车鉴定评估人员按照一定的评估方法所评定的二手车价格。

4. 成交价、客观价、评估价三者之间的关系

在现实生活中我们经常会遇到这样一个问题,一辆仅开了几个月的汽车要开到二手车市场上去卖,它的卖价只能比同样型号的一辆新车的卖价低得多,否则是卖不出去的。为此,实际的情况往往是:成交价＜客观价＜评估价。

二 二手车成交价低于客观价的原因

1. 信息不对称与二手车价格

2001 年诺贝尔经济学奖得主之一,美国学者阿克洛夫最早在 1970 年研究了二手车市场的信息不对称问题,也就是非常著名的"柠檬"问题。阿克洛夫通过对二手车市场的研究,发现当市场的卖方对产品的质量拥有的信息比买方更多时,就会导致出售低质产品的情况,这被称为逆向选择。在二手车市场上,卖主因为已经有了几个月的亲身驾驶经历,他已经对这辆车的车况有了一个客观的了解,也就是说他知道这辆车是不是"次品";而买主对这辆车的车况则几乎一无所知。也就是说,买卖双方对这辆车的车况所掌握的信息是不对称的。买主在信息不对称的状况下自然会怀疑卖主卖车的背后原因、担心车辆的隐含质量问题,从而会压低成交价格。

2. 买卖双方的心理因素与二手车价格

二手车成交价低于客观价的现象不能完全归因于不对称信息问题。首先,二手车市场上的部分买方是带着"图便宜"的投机心理来到这儿的,他们放弃了新车市场而选择二手车市场的目的就是淘到便宜货,因此会尽量压低成交价。其次,二手车市场的卖方要卖掉自己的汽车,无非是由于两个方面的原因:①这辆车确实是有质量问题,且急于出手,那么他对于买方压价的行为在一定幅度内自然是能够接受的;②车辆本身质量正常,只是由于客观原因(如移民、资金短缺、爱好转移)而急于卖掉这辆车,在这种情况下,在客观价位的基础上考虑一定的变现折扣,也是卖方能够接受的。买方与卖方一个愿打一个愿挨,最终自然会导致成交价低于客观价。

3. 评估价不等于成交价

根据上面的分析，如果成交价＜客观价＝评估价，则是合理的。如果行业管理部门规定成交价格必须以评估价格为准，则应当在确定评估价格时考虑一定的折扣率。如果成交价格只是以评估价格作为参考依据，则评估结果就没有必要进行调整，而由交易双方参照评估价格自主定价。

4. 评估结果的合理性

在成交价＜评估价的现象中，也不排除客观价＜评估价的现象存在，也就是说评估价高于客观价。对于二手车的评估价偏高的问题，已经有多位评估界同行进行过分析并提出了一些解决途径。在运用成本加法进行企业整体评估中，车辆的评估结果往往会高于二手车市场上同类车的成交价格。对这个问题，不能简单归因为评估结果的不合理，应具体分析成交价与评估价的差异是否为正常差异。如果为非合理范围内的差异，说明评估结果偏高，应考虑改进评估方法、选择更合理的成新率鉴定方法等解决途径。

5. 二手车鉴定评估人员中的信息不对称

在二手车鉴定评估过程中也存在二手车鉴定评估人员与委托方之间由于信息不对称而造成评估结果失真的现象，因此二手车鉴定评估人员应当要求委托方对所提供资料和信息的真实性、完整性作出承诺，要求其对资产信息进行充分披露；同时，二手车鉴定评估人员应当实施充分的评估程序，对资产进行实地盘点、勘察和鉴定，对委托方所提供的资料和信息进行独立的分析和鉴别，以使评估价格更加公正客观。

思考与练习

1. 汽车评估的常用方法有哪些？
2. 什么是现行市价法？
3. 什么是重置成本法？其优缺点是什么？
4. 什么是收益现值法？
5. 什么是清算价格法？

第八章

二手车鉴定评估人员的素质修养

通过本章的学习,你应能:
1. 叙述二手车鉴定评估人员的知识结构特点和内容;
2. 知道二手车鉴定评估人员的伦理修养内容;
3. 分析二手车鉴定评估人员的专业技能结构特点。

第一节 提高二手车鉴定评估人员素质修养的意义

 市场需要优秀的二手车鉴定评估人员

随着我国汽车保有量的逐渐增加,二手车交易市场发展很快,已逐步成为流通领域充满生机和活力的朝阳产业。

遍布全国的机动车销售企业、拍卖企业、租赁企业、卖新收旧、以旧换新等企、事业单位,直接吸纳二手车从业人员数量庞大,对促进二手车行业发展起到了积极的作用。

二手车属于特殊商品,涉及车辆管理、交通安全管理、社会治安管理、环境保护管理等多个方面,必须加强管理。但是,由于我国二手车交易起步较晚,一些问题和矛盾在其发展过程中逐渐显现出来,特别是在鉴定估价这一环节上,普遍存在着缺乏统一标准、从业人员知识技能偏低等问题,对旧机动车鉴定估价有的能力不足,有的仅凭经验,总体水平高低不一,非常混乱,也使一些走私、拼装、组装等非法车辆流入社会,不仅制约了二手车交易市场的健康发展,也无法有效保障广大消费者的合法权益,使国家利益蒙受巨大损失。

为了推动二手车业务的健康发展,确保国家关于二手车政策法规的顺利实施,确保消费者的合法权益,需要一大批适应市场需求的、优秀的二手车评估人员。

 二手车评估人员的素质结构

提高二手车鉴定评估人员的素质修养,对二手车交易市场的健康有序发展有着十分重要的作用。要成为一个优秀的二手车鉴定评估人员,必须具备完整的素质结构,包括完整的业务知识、娴熟的专业技能和高尚的伦理修养(图8-1)。

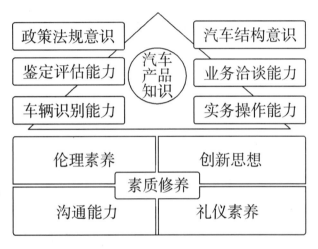

图8-1 二手车评估人员的素质结构图

第二节 二手车鉴定评估人员的知识结构和专业技能

 二手车鉴定评估的鲜明特征

由于汽车是高科技产品,二手车流通又属于特殊的商品流通,因而与其他商品相比,二手车鉴定评估具有鲜明的特征。

1. 经济性

汽车评估机构通过相关的专业技术人员,接受当事人(如保险公司、车主等)的委托,处理不同类型的评估业务、积累汽车评估经验、提高汽车评估水平,从而帮助当事人降低成本、提高经济效益;同时,通过高质量的服务使自身也获得一定的经济效益。

2. 专业性

汽车评估机构的市场定位是向当事人提供专业的汽车鉴定评估服务。由于是对汽车这一特定的对象进行评估，而汽车种类繁多、技术含量高，当事人的要求又千差万别，所以汽车评估比一般商品鉴定评估人员在评估技术方面要求更专业、经验更丰富。

3. 超然性

汽车评估机构作为汽车保险市场、二手车交易市场、汽车碰撞事故双方的中介，易被双方当事人所接受，因而可以缓解当事人双方的矛盾冲突。也可以说，汽车评估机构是减少当事人之间摩擦的润滑剂。

4. 严肃性

汽车评估机构因工作失误而对当事人造成损失的，汽车评估机构要负相应的法律责任。

5. 广泛性

除了上述特征之外，二手车鉴定评估的有些具体业务领域，对从业人员的知识要求还具有广泛性，汽车评估人员除应具有汽车专业技术知识外，还需财务、会计、法律、经济、金融、保险等知识。如需从事汽车保险公估业务，其从业人员必须通过保险公估资格考试，获得《保险公估资格证书》，持证上岗。

二手车鉴定评估人员的知识结构

二手车鉴定评估涉及一系列相关专业知识，是一个比较完整的结构，包括资产评估学、经济管理学、市场营销学、汽车构造、汽车维修等基础知识。

在机动车构造与理论方面要求掌握：机动车分类、编号和识别代号（VIN）知识；汽车总体构造、原理、技术参数和性能指标；汽车发动机、汽车底盘、汽车车身、汽车电气与电子等基本知识。

在汽车使用与维修方面要求掌握：汽车技术状况与使用寿命知识；汽车使用性能知识；汽车定期检验要求必需的知识；汽车检测维修相关知识。

在二手车评估基础方面要求掌握：二手车鉴定评估要素、方法、流程等相关知识。

在事故车的鉴定评估方面要求掌握：车辆损伤、泡水、火烧，以及其他各种损伤的鉴定评估知识。

在鉴定评估委托合同方面要求掌握：合同效力、合同履行、合同责任等知识。

在机动车市场信息方面要掌握市场调查、数据处理的知识。

在相关法律法规知识方面要求掌握：二手车流通管理办法的相关知识；机动车登记规定的相关知识；机动车强制报废规定标准的相关知识；汽车安全、排放、节能等相关标准；其他有关的法律、法规。

由此可见，二手车评估人员必须具有相关的知识结构（图8-2）。

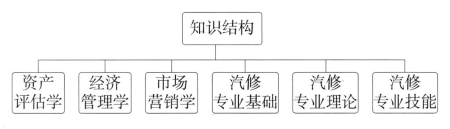

图8-2　二手车鉴定评估人员的知识结构图

（三）二手车鉴定评估人员的专业技能

1. 专业岗位资格

二手车鉴定评估从业人员应具备鉴定评估相关专业知识和鉴定评估的实践经验，并应按规定接受继续教育，充实和更新业务知识，提高鉴定评估的技能。

2. 客户服务技能

二手车鉴定评估从业人员应熟悉和掌握国家有关政策和法规、行业管理制度及有关技术标准，注意收集与鉴定评估有关的业务信息，以提供完善的服务。

二手车鉴定评估机构与委托单位（方）在承接和委托业务上，应实行双向选择。汽车鉴定评估从业人员应以良好的服务质量赢得客户，而不得以任何方式限制、利诱或干预委托单位（方）对汽车鉴定评估机构的选择，也不得采取回扣、提成、压价竞争和抬高自己贬低他人等不正当手段招揽业务。

3. 科学评估方法

二手车鉴定评估从业人员在执行业务时，应严肃认真，采用恰当科学的评估方法，按照规定的评估程序，完成承接的鉴定评估业务，履行汽车鉴定评估协议书中规定的各项职责。

4. 提供可靠依据

二手车鉴定评估从业人员对鉴定评估的结果和撰写的评估报告书必须提供可靠、充实的依据,手续核实、技术鉴定、评定估算等评估过程均应形成文字工作底稿,采用的数据信息资料均应注明来源渠道。

5. 同行协调能力

二手车鉴定评估从业人员在本行业中应团结合作,不得以不正当手段损害同行的专业信誉。二手车鉴定评估从业人员承接业务,均应由汽车鉴定评估机构受理,不得以个人名义接受委托、承办业务。

6. 坚持原则立场

二手车鉴定评估从业人员不得允许其他人用本人名义接受委托、承办业务,也不得为其他人的鉴定评估结果签字盖章。

7. 坚持实事求是

二手车鉴定评估从业人员有权要求委托单位(方)提供执行评估业务所需的资料,由于委托单位(方)不提供资料或提供资料不全面、不真实,造成评估结果失实的,鉴定评估人员不承担相应责任。

8. 严格保守秘密

二手车鉴定评估从业人员对于委托单位(方)提供的数据资料和评估结果,应当严格保守秘密。除非得到委托单位(方)的书面允许或依法律、法规要求公布的,不得将任何资料或情况提供或泄露给第三者。

第三节 二手车鉴定评估人员的伦理修养

为维护和增进公众对评估必须具备的信任,评估人员必须高度严格地遵守职业道德规范,严守职业道德既是评估执业中的要求,也是法律法规对评估人员的要求,同时也是评估客户和评估结果使用者在评估合同中的要求。为规范注册二手车鉴定评估师执业行为和职业道德行为,提高注册二手车鉴定评估师职业道德素质,保证执业质量,明确执业责任,维护社会公共利益和二手车鉴定评估人员各方当事人合法权益,中国二手车鉴定评估人员协会制定了《二手车鉴定评估人员准则——基本准则》和《二手车鉴定评估人员职业道德准则——基本准则》,作为注册二手车鉴定评估师必须严格遵守该准则。

一 基本要求

二手车鉴定评估要求鉴定评估人员必须遵守以下原则：

(1) 二手车鉴定评估人员执行二手车鉴定评估业务，应当遵守相关法律、法规和二手车鉴定评估人员准则，具有良好的职业道德。

(2) 二手车鉴定评估人员执行二手车鉴定评估业务，应当勤勉尽责，恪守独立、客观、公正的原则。

(3) 二手车鉴定评估人员应当经过专门教育和培训，具备相应的专业知识和经验，能够胜任所执行的评估业务。

(4) 二手车鉴定评估人员执行二手车鉴定评估业务，可以聘请专家协助工作，但应当采取必要措施确信专家工作的合理性。

(5) 二手车鉴定评估人员应当对业务助理人员进行指导，并对业务助理人员工作结果负责。

(6) 二手车鉴定评估人员执行二手车鉴定评估业务，采用不同于二手车鉴定评估人员准则规定的程序和方法时，不得违背准则的基本要求，应当确信所采用程序和方法的合理性，并在评估报告中明确说明。

二 操作准则

二手车鉴定评估人员进行二手车鉴定评估操作时必须遵守以下原则：

(1) 二手车鉴定评估人员执行二手车鉴定评估业务，应当根据业务具体情况履行适当的评估程序。

(2) 二手车鉴定评估人员执行二手车鉴定评估业务，应当根据评估目的等相关条件选择适当的价值类型，并对价值类型予以明确定义。

(3) 二手车鉴定评估人员应当熟知、理解并恰当运用评估方法。二手车鉴定评估基本方法包括市场法、收益法和成本法。

(4) 二手车鉴定评估人员执行二手车鉴定评估业务，应当根据评估对象、价值类型、资料收集情况等相关条件，分析三种二手车鉴定评估基本方法的适用性，恰当选择评估方法，形成合理的评估结论。

(5) 二手车鉴定评估人员执行二手车鉴定评估业务，应当科学合理地使用评估假设，并在评估报告中披露评估假设及其对评估结论的影响。

(6)二手车鉴定评估人员执行二手车鉴定评估业务,应当形成能够支持评估结论的工作底稿。

三、报告准则

二手车鉴定评估人员出具评估报告时必须遵守以下原则:

(1)二手车鉴定评估人员应当在执行必要的评估程序后编制评估报告,评估报告由所在评估机构出具。

(2)二手车鉴定评估人员应当在评估报告中提供必要的信息,使评估报告使用者能够合理理解评估结论。

(3)二手车鉴定评估人员应当根据评估业务具体情况,提供能够满足委托方和其他评估报告使用者合理需求的评估报告。

四、职业道德

二手车鉴定评估人员应当了解职业道德的基本知识,同时严格遵守职业守则,包括:遵纪守法,廉洁自律;客观独立,公正科学;诚实守信,规范服务;客户至上,保守秘密;团队合作,锐意进取;操作规范,保证安全。

思考与练习

1. 二手车鉴定评估人员的专业技能包含哪些部分?

2. 二手车鉴定评估人员的伦理修养由哪些部分组成?如何提高自身的职业道德修养?

实训项目

实训一 汽车发动机号、底盘号拓印

 实训目的

(1)熟悉汽车发动机、底盘钢印的位置;
(2)会运用简单工具,正确拓印汽车发动机、底盘钢印。

 实训工具及所需材料

(1)实训车辆一辆;
(2)拓印材料若干套(每套包括40cm细竹竿一枝、金属镊子一个、棉球若干、油墨一盒、拓印纸若干)。

 实训步骤

(1)在实训室任意指定一辆实训用车,让学生寻找发动机、底盘钢印位置;
(2)组织学生拓印发动机、汽车底盘钢印。

 实训要求

(1)熟悉发动机、底盘钢印号位置;
(2)拓印件干净、字模清晰。

实训二 二手车成交车辆办证模拟角色演练

 实训目的

(1)熟悉二手车成交办证的程序;
(2)学会识别各种与机动车交易有关的单证、表格;

(3) 了解办证流程中各岗位人员的工作实务。

实训工具及所需材料

(1) 与机动车交易有关的单证、表格复印件；
(2) 二手车交易办证教学软件。

实训步骤

(1) 收集二手车交易办证必需的各种单证、表格，并制作复印件；
(2) 按整个二手车办证所涉岗位，安排学生承担相关角色任务；
(3) 按照老师设定的情况及二手车成交办证的程序，进行实务操作。

实训要求

(1) 流程清晰,工作细致；
(2) 防止单证与表格填写漏项与差错。

实训三 二手车静态检查

实训目的

熟练运用静态检查方法来鉴定汽车技术状况。

实训工具及所需材料

(1) 一支笔和纸；
(2) 一大块旧毛毯或帆布；
(3) 一块小磁铁；
(4) 一块万用表；
(5) 一个卷尺或小直(钢)尺；
(6) 一只手电筒；

（7）一盘盒式录音带和一张光盘；

（8）一些擦布；

（9）一个小型工具箱或成套的汽修工具。

 实训步骤

二手车静态检查实训记录表

检查人员：＿＿＿＿＿　　检测日期：＿＿＿＿＿　　编号：＿＿＿＿＿

车辆号码			厂牌型号		发动机号		检测类别		
车辆类别			吨/座位数		车架号		燃料种类		
部位	代码	检视内容及要求		记录	代码	检视内容及要求		记录	签字
底盘上方	01	车体外表清洁，涂层完好			02	门窗、内饰齐全、无损、有效，底板完好			
	03	汽车外廓尺寸参数符合规定			04	后（下）视镜和刮水器紧固、齐全、有效			
	05	运营标志符合有关规定			06	车体安全防护装置齐全、有效			
	07	车厢内不得装设燃油供给系统			08	柴油机停机装置灵活有效			
	09	牵引车与被牵引车连接装置和独立制动装置可靠、有效			10	仪表和信号装置紧固、齐全、有效、符合规定			
					11	转向灯紧固、齐全、有效、符合规定			
	12	制动灯紧固、齐全、有效、符合规定			13	雾灯紧固、齐全、有效、符合规定			

续上表

部位	代码	检视内容及要求	记录	代码	检视内容及要求	记录	签字
底盘上方	14	燃油箱及管路安装牢固、不渗漏、附件齐全		15	轮胎螺母和半轴螺母齐全紧固		
	16	转向轮轮胎型号、规格符合规定,不得使用翻新胎		17	轮胎无异常磨损和割裂伤,同轴规格、花纹、磨损程度一致,气压符合规定		
	18	集装箱运输车辆的锁止装置可靠		19	配备相适应的有效消防器材		
客运和危险运输车辆	20	客车座位数符合荷载,不准私设座椅		21	座椅间距不得采用沿滑道纵向调整方式		
	22	安全出口、安全带配置符合规定		23	驾驶区发动机罩严禁增加附属设施		
	24	卧铺客车卧具设置须符合规定		25	不得采用直通式采暖方式		
	26	中级以上客车、卧铺车不准设立车外顶行李架,其他车辆不得超过车长的1/3		27	危险货物运输车辆电路系统应有切断总电源和隔离电火花装置		
	28	运输易燃、易爆物品车辆的排气管应装在前部		29	危险货物运输车辆标志符合有关规定		
	30	排气管应装隔热和熄灭火星装置		31	放静电装置齐全、有效		
	32	槽罐车罐体的使用证(合格证)在有效期内		33	配备泄压阀、压力表、液位计等安全装置		

续上表

部位	代码	检视内容及要求	记录	代码	检视内容及要求	记录	签字
运行检查	34	发动机起动性能良好、运转平稳、无异响		35	转向操纵性能良好		
	36	制动气压、机油压力、ABS等报警装置齐全、有效		37	驻车制动操纵装置性能良好、有效		
	38	离合器分离、结合性能良好,无异响		39	传动轴运转时无抖动、异响		
	40	变速器操纵性能良好,无异响		41	减速器(驱动桥)运转良好,无异响		
底盘下方	42	底盘下方清洁、各部位润滑良好		43	发动机水箱、水管连接紧固,无漏水		
	44	发动机及附件安装紧固,无漏油		45	变速器装配紧固,无漏水		
	46	减速器(驱动桥)装配紧固,无漏油		47	平衡、扭力杆件等安装紧固		
	48	传动轴安装正确,螺栓齐全、紧固		49	车架(身)连接紧固、无裂纹,铆接无松动		
	50	车桥无裂纹,连接杆件、球头、锁套紧固		51	独立悬架(减震器)齐全、紧固		
	52	钢板无裂纹和断片,符合规定,U形螺栓紧固		53	钢板吊耳、锁套紧固		
	54	转向系统各部分螺栓螺母紧固、锁止可靠,部件无裂纹		55	转向系统横直拉杆不得拼焊,球头销不松旷		

续上表

部位	代码	检视内容及要求	记录	代码	检视内容及要求	记录	签字
底盘下方	56	制动阀、管路、泵、储气筒安装紧固,无漏油		57	制动底板紧固		
	58	液、气管路及卡箍紧固,不干涉,未磨损		59	电路管线及卡子无松脱,未磨损		
测量记录		离合器踏板自由行程_____mm			车身外缘左右对称高度差_____mm		
		制动器踏板自由行程_____mm			转向盘自由转动量_____		
		左侧轴距值_____mm,右侧轴距值_____mm,轴距值_____mm,差值_____mm,_____%					
复检记录							
备注					外检结论		

注:1.记录栏内合格打"√",不合格打"×",未检打"/"。

2.一般检视内容达到三项不合格时,判该车外检不合格。

3.其他未尽项目执行《机动车安全技术检验项目和方法》(GB 38900—2020)相关条款。

(四) 实训要求

(1)安全规范地进行操作;

(2)根据检测项目应做到认真、仔细。

实训四 二手车动态检查

一 实训目的

熟练运用动态检查方法来鉴定汽车技术状况。

二 实训工具及所需材料

(1) 实训车辆一辆；
(2) 擦布、笔和纸若干；
(3) 轮胎气压表一个；
(4) 汽修简易工具若干。

三 实训步骤

1. 做好路试前的准备工作

检查机油油位、冷却液液位、制动液液位、转向盘自由行程、轮胎胎压、各警示灯项目是否正常。

2. 进行发动机工作性能检查

检查发动机的起动性、怠速、异响、急加速性、曲轴箱窜气量、排气颜色等项目是否正常。

3. 进行汽车路试检查

检查离合器的工作状况、变速器的工作状况、汽车动力性、汽车制动性能、汽车行驶稳定性、汽车行驶平顺性、汽车滑行能力、风噪声、驻车制动等项目是否正常。

4. 安装有自动变速器的车辆应进行自动变速器的路试检查

检查自动变速器路试前的准备工作(使发动机和自动变速器都达到正常工作温度)、自动变速器升挡、自动变速器升挡车速、自动变速器升挡时发动机的转速、自动变速器换挡质量、自动变速器的锁止离合器工作状况、发动机制动功能、自动变速器强制降挡功能等项目是否正常。

5. 路试后的检查

检查各部件温度,检查有无"四漏"现象等。

 实训要求

(1)根据检查内容逐个进行检查;
(2)安全规范地进行操作。

实训五　发动机功率与汽缸密封性检测

第1实训　发动机功率检测

 实训目的

能够用便携式无负荷测功仪测定发动机功率。

 实训工具及所需材料

便携式无负荷测功仪。

 实训步骤

1. 仪器自校和预热

便携式无负荷测功仪如图1所示,按使用说明书,对仪器进行预热,然后进行自校。

(1)将计数检查旋钮1拨到"检查"位置,左边时间(T)表头指针1s摆动一次。

(2)将旋钮1拨到"测试"位置,把旋钮3拨向"自校"位置,再缓慢旋转"模拟转速"旋钮2,注意转速(n)表头指针慢慢向右偏转(模拟增加转速)。

(3)当指针偏转至起始转速 $n_1=1000r/min$ 位置时,门控指示灯即亮。继续增加模拟转速至 $n_2=2800r/min$ 时,"T"表即指示出加速时间,以表示模拟速度的快慢。

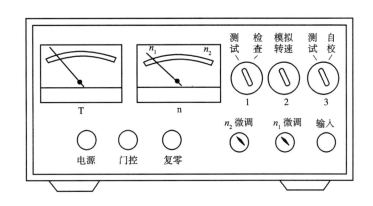

图1 便携式无负荷测功仪

(4)按下"复零"按钮,表针回零,门控指示灯熄灭,表示仪器调整正常。否则,微调 n_1、n_2 电位器。

2. 预热发动机和安装转速传感器

预热发动机至正常工作温度(80~90℃),并使发动机怠速正常,变速器操纵杆置于空挡位置,然后把转速传感器两接线卡分别接在分电器低压接线柱和搭铁线路上(汽油机)。

3. 测加速时间

(1)操作者在驾驶室内迅速地把加速踏板踩到底,发动机转速迅速上升,当"T"表指针显示出加速时间(或功率)时,应立即松开加速踏板,切忌发动机长时间高速空转;

(2)记下读数,仪器复零;

(3)重复操作三次,取其平均值。

4. 确定功率

仅能显示加速时间的无负荷测功仪,测得加速时间后应对照仪器厂家推荐的曲线或表格确定发动机的功率值。

有的无负荷测功仪做成袖珍式,带有伸缩天线,可接收发动机运转时的点火脉冲信号,而不必与发动机采取任何有线连接。使用时,用手拿着该测功仪,只要面对发动机侧面拉出伸缩天线,发动机突然加速运转,即可遥测到加速时间和转速。然后查看仪器背面印制的主要机型的功率、时间对照表,便可得知发动机功率的大小。

四 实训要求

能熟练使用便携式无负荷测功仪,且能根据测量结果分析车辆的性能。

第 2 实训 汽缸密封性检测

一 实训目的

能够用汽缸压力表检测汽缸压缩压力,并能对检测结果进行正确分析。

二 实训工具及所需材料

汽缸压力表、汽修简易工具。

三 实训步骤

(1)发动机正常运转,使水温达 75℃ 以上。
(2)停机后,拆下空气滤清器,用压缩空气吹净火花塞或喷油器周围的灰尘和脏物,然后卸下全部火花塞,并按汽缸次序放置。
(3)对汽油发动机,还应把分电器中央电极高压线拔下并可靠搭铁,以防止电击和着火。
(4)把汽缸压力表的橡胶接头插在被测汽缸的火花塞孔内,扶正压紧。
(5)节气门和阻风门置于全开位置,用起动机转动曲轴 3~5s(不少于四个压缩行程),待压力表头指针指示并保持最大压力后停止转动。
(6)取下汽缸压力表,记下读数,按下止回阀使压力表指针回零。
(7)按上述方法依次测量各汽缸压力,每缸测量次数不少于两次。

就车检测柴油机汽缸压力时,应使用螺纹接头的汽缸压力表。如果该机要求在较高转速下测量,此种情况除受检汽缸外,其余汽缸均应工作。其他检测条件和检测方法同汽油机。

(8)进行参数的分析。《汽车修理质量检查评定方法》(GB/T 15746—2011)规定,大修竣工发动机的汽缸压力应符合原设计规定,其压力差为汽油机不超过各缸平均压力的5%,柴油机不超过各缸平均压力的8%。

 实训要求

(1)能熟练使用汽缸压力表检测汽缸压缩压力,且能根据测量结果分析车辆的性能。

(2)安全规范地进行操作。

实训六　汽车制动性能检测

 实训目的

能够用反力式制动试验台检测汽车制动性能。

 实训工具及所需材料

反力式滚筒制动试验台。

 实训步骤

(1)将反力式滚筒制动试验台(以下简称制动试验台)指示与控制装置上的电源开关打开,按使用说明书的要求预热至规定时间。

(2)如果指示装置为指针式仪表,检查指针是否在机械零点上,如不在应调整。

(3)检查制动试验台滚筒上是否粘有泥、水、砂、石等杂物,如有应清除。

(4)核实汽车各轴轴荷,不得超过制动试验台允许的荷载。

(5)检查汽车轮胎气压是否符合规定值,且不能在轮胎表面粘有泥、水、砂、石等杂物,如有应清除。

(6)检查制动试验台,举升器应在升起位置。

(7)汽车被测车轴在轴重计或轮重仪上检测完轴荷后,应尽可能顺垂直于滚筒的方向驶入制动试验台。先前轴,再后轴,使车轮处于两滚筒之间。

(8)汽车停稳后变速器操纵杆置于空挡位置,行车制动器和驻车制动器处于完全放松状态,能测制动时间的试验台还应把脚踏开关套在制动踏板上。

(9)降下举升器,至举升器平板与轮胎完全脱离为止。

(10)如系统带有内藏式轴重测量装置的制动试验台,此时已将轴荷测量出。

(11)起动电动机,使滚筒带动车轮转动,先测出制动拖滞力。

(12)用力踩下制动踏板,检测轴制动力。一般在 1.5~3.0s 后或带有第三滚筒的发出信号后,制动试验台滚筒自动停转。

(13)读取并打印检测结果。

(14)升起举升器,开出已测车轴,开入下一车轴,按上述同样方法检测轴荷和制动力。

(15)当与驻车制动器相关的车轴在制动试验台上时,检测完行车制动性能后应重新起动电动机,在行车制动器完全放松的情况下用力拉紧驻车制动器操纵杆,检测驻车制动性能。

(16)所有车轴的行车制动性能及驻车制动性能检测完毕后,升起举升器,汽车开出制动试验台。

(17)关闭制动试验台电源。

 实训要求

能熟练掌握用反力式制动试验台检测汽车制动性能。

实训七　汽车排放污染物检测

 实训目的

通过尾气分析来检测车辆是否符合其技术状况。

实训工具及所需材料

废气分析仪、烟度计。

 实训步骤

1. 汽油车废气分析仪的使用方法

仪器使用前先接通电源预热 30min 以上，然后进行相关部位的检查，接着从仪器上取出采样导管进行校正，吸进清洁空气，用零点调整旋钮调整零位，再把测定仪器附属的标准气体从标准气体注入口注入，用标准气体校正旋钮，使指示值符合校正基准值。在注入标准气体时，应关闭仪器上的泵开关。

按规定转速使被测车发动机做怠速运转，发动机达到规定热车温度。

将废气分析仪的量程开关放在最大挡，然后被检车以 0.7r/min 额定转速运转 60s 后，降至规定怠速转速，插入采样导管，深度等于 400mm。边看指示针边变换量程转换开关，选择合适的排气气体浓度的挡位，维持 1.5s 后，读取 30s 内的最高值和最低值，其平均值为测量结果。

2. 柴油车烟度计的使用方法

仪器的准备：首先进行仪器检查，然后接通烟度计电源预热 5min 以上，并检查来自空气压缩机的空气压力，使之符合规定要求。将校正用的标准纸即烟度卡对着检测部分，用指示调零旋钮将指示计校正到符合标准纸的污染度。

被检测车辆的准备：以制造厂规定的怠速预热发动机，并使之达到规定测量温度，同时在加速踏板上安装好踏板开关。

(1) 起动发动机，并加速 2~3 次吹净排气管和消声器中的烟尘；

(2) 发动机怠速运转 5~6s，并进行空气清扫 2~3s；

(3) 脚踩住踏板开关，并迅速将踏板踩踏到底持续 4s；

(4) 踩下加速踏板 11s，同时读数并走纸，再用压缩空气清扫 3~4s，调整吸入泵，并连续按(3)的方法操作 4 次，读取后 3 次读数的平均值。

 实训要求

(1) 能熟练掌握用尾气分析仪检测车辆的性能；

(2)安全规范地进行操作。

实训八 汽车前轮定位参数检测

一 实训目的

通过四轮定位仪对定位参数的检测,可分析出汽车行驶时的安全性,增强操纵稳定性、减少轮胎磨损、减小悬架系统和行驶系统部分零部件的疲劳损伤,降低燃油消耗等。

二 实训工具及所需材料

元征公司的 X531 四轮定位仪。

三 实训步骤

(1)在表格内选择所需要检测的车型。

(2)使车轮平直,固定转向盘,使车轮能自由旋转。

(3)安装轮头及探杆,安装稳固后,举起车身,使车轮悬空。

(4)偏心补偿,确认探杆处于水平状态;松开左前探杆,左前车轮旋转180°,左前及右前探杆调整水平,锁紧探杆(左右轮偏心补偿方法一致)。

(5)放下车身,使四轮着地。充分晃动车身,使车轮紧贴地面,偏心补偿完毕。

(6)用驻车制动器和行车制动器将车锁住,松开转向盘固定架,调整所有探杆至水平状态。

(7)主销测量:用驻车制动器和行车制动器将车锁住,松开转向盘固定架,调整所有探杆至水平状态。调整前轮至打直状态,转向盘向左旋转7°,回正转向盘,再向右旋转7°,回正后显示结果。

(8)后轴测量:打正并锁住转向盘。调整探杆至水平状态后根据屏幕数据进行后轴参数调整。

(9)前轴测量:打正并锁住转向盘。调整探杆至水平状态后根据屏幕数据进行前轴参数调整。

(10)定位检测完毕,保存数据。

 实训要求

根据教学内容逐步做到认真、仔细。

实训九 汽车前照灯技术状况检测

 实训目的

运用前照灯检测仪来检测汽车前照灯是否符合国家标准。

 实训工具及所需材料

汽车前照灯检测仪。

 实训步骤

1. 汽车前照灯检测前的准备

(1)保证前照灯检测仪能正常工作。

(2)场地应平整,保证屏幕与场地垂直。

(3)被检测的车辆应空载,并在坐一名驾驶员的条件下进行。

(4)前照灯应安装牢固,无松旷现象且前照灯上无污垢。

(5)轮胎气压符合规定。

(6)蓄电池处于充足电状态。

2. 汽车前照灯光轴偏斜量的检测

(1)前照灯近光光束。

前照灯照射在距离10m的屏幕上,乘用车前照灯近光光束明暗截止线转角或中点的高度应为0.7~0.9H(H为前照灯基准中心高度,下同),其他汽车(拖拉机运输机组除外)应为 $0.6\sim0.8H$。汽车(装用一只前照灯的汽车除外)前照灯近光光束水平方向位置向左偏不允许超 170mm,向右偏不允许超过 350mm。

(2)前照灯远光光束。

前照灯照射在距离 10m 的屏幕上,要求在屏幕中心离地高度,对乘用车为 $0.9\sim1.0H$,对其他汽车为 $0.8\sim0.95H$;汽车(装用一只前照灯的汽车除外)前照灯远光光束的水平位置要求,左灯向左偏不允许超过 170mm,向右偏不允许超过 350mm;右灯向左或向右偏均不允许超过 350mm。

3. 汽车前照灯发光强度的检测

机动车每只前照灯的远光光束发光强度应达到《机动车运行安全技术条件》(GB 7258—2017)中对汽车前照灯提出的相关技术要求。测试时,其电源系统应处于充电状态。

 实训要求

根据教学内容逐步做到认真、仔细。

实训十 二手车现行市价法评估计算

 实训目的

(1)熟悉二手车现行市价法评估方法;
(2)学会用现行市价法对二手车进行评估计算。

 实训工具及所需材料

(1)交易机动车辆的类别名称、型号和性能、生产厂家及出厂年月;
(2)了解车辆目前使用情况、实际技术状况以及尚可使用的年限。

 实训步骤

(1)收集资料。

(2)选定二手车交易市场上可进行类比的对象。所选定的类比车辆必须具有可比性。

(3)分析、类比。综合上述可比性因素,对评估的车辆与选定的类比对象进行认真的分析比较、量化和调整。

(4)汇总各因素差异量化值,求出车辆的评估值。

 实训要求

(1)流程清晰,工作细致;
(2)防止计算错误。

实训十一 二手车重置成本法评估计算

 实训目的

(1)熟悉二手车重置成本法评估方法;
(2)学会用重置成本法对二手车进行评估计算。

 实训工具及所需材料

(1)交易机动车辆的类别名称、型号和性能、生产厂家及出厂年月;
(2)了解车辆目前使用情况、实际技术状况以及尚可使用的年限。

 实训步骤

(1)调查、比较;
(2)确定成新率;
(3)对车辆进行技术鉴定,确定车辆每个部分的成新率及整车的成新率;
(4)计算车辆的评估值。

四、实训要求

（1）流程清晰，工作细致；
（2）防止计算错误。

实训十二 二手车鉴定估价报告撰写

一、实训目的

（1）了解二手车鉴定估价报告；
（2）学会二手车鉴定估价报告撰写。

二、实训工具及所需材料

（1）交易机动车辆的类别名称、型号和性能、生产厂家及出厂年月；
（2）了解车辆目前使用情况、实际技术状况以及尚可使用的年限。

三、实训步骤

（1）绪言；
（2）委托方与车辆所有方简介；
（3）评估目的；
（4）评估对象；
（5）鉴定评估基准日；
（6）评估原则；
（7）评估依据；
（8）评估方法；
（9）评估过程；
（10）评估结论；
（11）特别事项说明；

(12)评估报告法律效力。

四 实训要求

(1)流程清晰,工作细致;
(2)防止撰写错误。

实训十三 二手车鉴定估价软件操作

一 实训目的

学会使用二手车鉴定估价软件。

二 实训工具及所需材料

(1)二手车辆信息;
(2)二手车鉴定估价软件。

三 实训步骤

(1)收集二手车交易信息;
(2)按二手车鉴定估价软件操作方法进行估价操作。

四 实训要求

(1)流程清晰,工作细致;
(2)防止操作错误。

附录

附录 A 汽车产业发展政策

为适应不断完善的社会主义市场经济体制的要求以及加入世贸组织后国内外汽车产业发展的新形势,推进汽车产业结构调整和升级,全面提高汽车产业国际竞争力,满足消费者对汽车产品日益增长的需求,促进汽车产业健康发展,特制定汽车产业发展政策。通过本政策的实施,使我国汽车产业在2010年前发展成为国民经济的支柱产业,为实现全面建设小康社会的目标作出更大的贡献。

第一章 政策目标

第一条 坚持发挥市场配置资源的基础性作用与政府宏观调控相结合的原则,创造公平竞争和统一的市场环境,健全汽车产业的法制化管理体系。政府职能部门依据行政法规和技术规范的强制性要求,对汽车、农用运输车(低速载货汽车及三轮汽车,下同)、摩托车和零部件生产企业及其产品实施管理,规范各类经济主体在汽车产业领域的市场行为。

第二条 促进汽车产业与关联产业、城市交通基础设施和环境保护协调发展。创造良好的汽车使用环境,培育健康的汽车消费市场,保护消费者权益,推动汽车私人消费。在2010年前使我国成为世界主要汽车制造国,汽车产品满足国内市场大部分需求并批量进入国际市场。

第三条 激励汽车生产企业提高研发能力和技术创新能力,积极开发具有自主知识产权的产品,实施品牌经营战略。2010年汽车生产企业要形成若干驰名的汽车、摩托车和零部件产品品牌。

第四条 推动汽车产业结构调整和重组,扩大企业规模效益,提高产业集中度,避免散、乱、低水平重复建设。

通过市场竞争形成几家具有国际竞争力的大型汽车企业集团,力争到2010年跨入世界500强企业之列。

鼓励汽车生产企业按照市场规律组成企业联盟,实现优势互补和资源共享,扩大经营规模。

培育一批有比较优势的零部件企业实现规模生产并进入国际汽车零部件采购体系,积极参与国际竞争。

第二章 发展规划

第五条 国家依据汽车产业发展政策指导行业发展规划的编制。发展规划包括行业中长期发展规划和大型汽车企业集团发展规划。行业中长期发展规划由国家发展和改革委员会同有关部门在广泛征求意见的基础上制定,报国务院批准施行。大型汽车企业集团应根据行业中长期发展规划编制本集团发展规划。

第六条 凡具有统一规划、自主开发产品、独立的产品商标和品牌、销售服务体系管理一体化等特征的汽车企业集团,且其核心企业及所属全资子企业、控股企业和中外合资企业所生产的汽车产品国内市场占有率在15%以上的,或汽车整车年销售收入达到全行业整车销售收入15%以上的,可作为大型汽车企业集团单独编报集团发展规划,经国家发展和改革委员会组织论证核准后实施。

第三章 技术政策

第七条 坚持引进技术和自主开发相结合的原则。跟踪研究国际前沿技术,积极开展国际合作,发展具有自主知识产权的先进适用技术。引进技术的产品要具有国际竞争力,并适应国际汽车技术规范的强制性要求发展的需要;自主开发的产品力争与国际技术水平接轨,参与国际竞争。国家在税收政策上对符合技术政策的研发活动给予支持。

第八条 国家引导和鼓励发展节能环保型小排量汽车。汽车产业要结合国家能源结构调整战略和排放标准的要求,积极开展电动汽车、车用动力电池等新型动力的研究和产业化,重点发展混合动力汽车技术和轿车柴油发动机技术。国家在科技研究、技术改造、新技术产业化、政策环境等方面采取措施,促进混合动力汽车的生产和使用。

第九条 国家支持研究开发醇燃料、天然气、混合燃料、氢燃料等新型车用燃料,鼓励汽车生产企业开发生产新型燃料汽车。

第十条 汽车产业及相关产业要注重发展和应用新技术,提高汽车的燃油经济性。2010年前,乘用车新车平均油耗比2003年降低15%以上。要依据有关节能方面技术规范的强制性要求,建立汽车产品油耗公示制度。

第十一条 积极开展轻型材料、可回收材料、环保材料等车用新材料的研究。国家适时制定最低再生材料利用率要求。

第十二条 国家支持汽车电子产品的研发和生产,积极发展汽车电子产业,加速在汽车产品、销售物流和生产企业中运用电子信息技术,推动汽车产业发展。

第四章 结构调整

第十三条 国家鼓励汽车企业集团化发展,形成新的竞争格局。在市场竞争和宏观调控相结合的基础上,通过企业间的战略重组,实现汽车产业结构优化和升级。

战略重组的目标是支持汽车生产企业以资产重组方式发展大型汽车企业集团,鼓励以优势互补、资源共享合作方式结成企业联盟,形成大型汽车企业集团、企业联盟、专用汽车生产企业协调发展的产业格局。

第十四条 汽车整车生产企业要在结构调整中提高专业化生产水平,将内部配套的零部件生产单位逐步调整为面向社会的、独立的、专业化零部件生产企业。

第十五条 企业联盟要在产品研究开发、生产配套协作和销售服务等领域广泛开展合作,体现调整产品结构、优化资源配置、降低经营成本、实现规模效益和集约化发展。参与某一企业联盟的企业不应再与其他企业结成联盟,以巩固企业联盟的稳定和市场地位。国家鼓励企业联盟尽快形成以资产为纽带的经济实体。企业联盟的合作发展方案中涉及新建汽车生产企业和跨类别生产汽车的项目,按本政策有关规定执行。

第十六条 国家鼓励汽车、摩托车生产企业开展国际合作,发挥比较优势,参与国际产业分工;支持大型汽车企业集团与国外汽车集团联合兼并重组国内外汽车生产企业,扩大市场经营范围,适应汽车生产全球化趋势。

第十七条 建立汽车整车和摩托车生产企业退出机制,对不能维持正常生产经营的汽车生产企业(含现有改装车生产企业)实行特别公示。该类企业不得向非汽车、摩托车生产企业及个人转让汽车、摩托车生产资格。国家鼓励该类企业转产专用汽车、汽车零部件或与其他汽车整车生产企业进行资产重组。汽车生产企业不得买卖生产资格,破产汽车生产企业同时取消公告名录。

第五章 准入管理

第十八条 制定《道路机动车辆管理条例》。政府职能部门依据《道路机动车辆管理条例》对道路机动车辆的设计、制造、认证、注册、检验、缺陷管理、维修保养、报废回收等环节进行管理。管理要做到责权分明、程序公开、操作方便、易于社会监督。

第十九条 制定道路机动车辆安全、环保、节能、防盗方面技术规范的强制性要求。所有道路机动车辆执行统一制定的技术规范的强制性要求。要符合我国国情并积极与国际车辆技术规范的强制性要求衔接,以促进汽车产业的技术进步。不符合相应技术规范的强制性要求的道路机动车辆产品,不得生产和销售。农用运输车仅限于在三级以下(含三级)公路行驶,执行相应制定的技术规范的强制性要求。

附 录

第二十条 依据本政策和国家认证认可条例建立统一的道路机动车辆生产企业和产品的准入管理制度。符合准入管理制度规定和相关法规、技术规范的强制性要求并通过强制性产品认证的道路机动车辆产品,登录《道路机动车辆生产企业及产品公告》,由国家发展和改革委员会和国家质检总局联合发布。公告内产品必须标识中国强制性认证(3C)标志。不得用进口汽车和进口车身组装汽车替代自产产品进行认证,禁止非法拼装和侵犯知识产权的产品流入市场。

第二十一条 公安交通管理部门依据《道路机动车辆生产企业及产品公告》和中国强制性认证(3C)标志办理车辆注册登记。

第二十二条 政府有关职能部门要按照准入管理制度对汽车、农用运输车和摩托车等产品分类设定企业生产准入条件,对生产企业及产品实行动态管理,凡不符合规定的企业或产品,撤销其在《道路机动车辆生产企业及产品公告》中的名录。企业生产准入条件中应包括产品设计开发能力、产品生产设施能力、产品生产一致性和质量控制能力、产品销售和售后服务能力等要求。

第二十三条 道路机动车辆产品认证机构和检测机构由国家质检总局和国家发展和改革委员会指定,并按照市场准入管理制度的具体规定开展认证和检测工作。认证机构和检测机构要具备第三方公正地位,不得与汽车生产企业存在资产、管理方面的利益关系,不得对同一产品进行重复检测和收费。国家支持具备第三方公正地位的汽车、摩托车和重点零部件检测机构规范发展。

第六章 商标品牌

第二十四条 汽车、摩托车、发动机和零部件生产企业均要增强企业和产品品牌意识,积极开发具有自主知识产权的产品,重视知识产权保护,在生产经营活动中努力提高企业品牌知名度,维护企业品牌形象。

第二十五条 汽车、摩托车、发动机和零部件生产企业均应依据《中华人民共和国商标法》注册本企业自有的商品商标和服务商标。国家鼓励企业制定品牌发展和保护规划,努力实施品牌经营战略。

第二十六条 2005年起,所有国产汽车和总成部件要标示生产企业的注册商品商标,在国内市场销售的整车产品要在车身外部显著位置标明生产企业商品商标和本企业名称或商品产地,如商品商标中已含有生产企业地理标志的,可不再标明商品产地。所有品牌经销商要在其销售服务场所醒目位置标示生产企业服务商标。

第七章 产品开发

第二十七条 国家支持汽车、摩托车和零部件生产企业建立产品研发机构,形成产品创新能力和自主开发能力。自主开发可采取自行开发、联合开发、委托开发等多种形式。企业自主开发产品的科研设施建设投资凡符合国家促进企业技术进步有关税收规定的,可在所得税前列支。国家将尽快出台鼓励企业自主开发的政策。

第二十八条 汽车生产企业要努力掌握汽车车身开发技术,注重产品工艺技术的开发,并尽快形成底盘和发动机开发能力。国家在产业化改造上支持大型汽车企业集团、企业联盟或汽车零部件生产企业开发具有当代先进水平和自主知识产权的整车或部件总成。

第二十九条 汽车、摩托车和零部件生产企业要积极参加国家组织的重大科技攻关项目,加强与科研机构、高等院校之间的合作研究,注重科研成果的应用和转化。

第八章 零部件及相关产业

第三十条 汽车零部件企业要适应国际产业发展趋势,积极参与主机厂的产品开发工作。在关键汽车零部件领域要逐步形成系统开发能力,在一般汽车零部件领域要形成先进的产品开发和制造能力,满足国内外市场的需要,努力进入国际汽车零部件采购体系。

第三十一条 制定零部件专项发展规划,对汽车零部件产品进行分类指导和支持,引导社会资金投向汽车零部件生产领域,促使有比较优势的零部件企业形成专业化、大批量生产和模块化供货能力。对能为多个独立的汽车整车生产企业配套和进入国际汽车零部件采购体系的零部件生产企业,国家在技术引进、技术改造、融资以及兼并重组等方面予以优先扶持。汽车整车生产企业应逐步采用电子商务、网上采购方式面向社会采购零部件。

第三十二条 根据汽车行业发展规划要求,冶金、石油化工、机械、电子、轻工、纺织、建材等汽车工业相关领域的生产企业应注重在金属材料、机械设备、工装模具、汽车电子、橡胶、工程塑料、纺织品、玻璃、车用油品等方面,提高产品水平和市场竞争能力,与汽车工业同步发展。

重点支持钢铁生产企业实现轿车用板材的供应能力;支持设立专业化的模具设计制造中心,提高汽车模具设计制造能力;支持石化企业技术进步和产品升级,使成品油、润滑油等油品质量达到国际先进水平,满足汽车产业发展的需要。

第九章 营销网络

第三十三条 国家鼓励汽车、摩托车、零部件生产企业和金融、服务贸易企业借鉴国际上成熟的汽车营销方式、管理经验和服务贸易理念,积极发展汽车服务贸易。

第三十四条 为保护汽车消费者的合法权益,使其在汽车购买和使用过程中得到良好的服务,国内外汽车生产企业凡在境内市场销售自产汽车产品的,必须尽快建立起自产汽车品牌销售和服务体系。该体系可由国内外汽车生产企业以自行投资或授权汽车经销商投资方式建立。境内外投资者在得到汽车生产企业授权并按照有关规定办理必要的手续后,均可在境内从事国产汽车或进口汽车的品牌销售和售后服务活动。

第三十五条 2005年起,汽车生产企业自产乘用车均要实现品牌销售和服务;2006年起,所有自产汽车产品均要实现品牌销售和服务。

第三十六条 取消现行有关小轿车销售权核准管理办法,由商务部会同国家工商总局、国家发展和改革委员会等有关部门制定汽车品牌销售管理实施办法。汽车销售商应在工商行政管理部门核准的经营范围内开展汽车经营活动。其中不超过9座的乘用车(含二手车)品牌经销商的经营范围,经国家工商行政管理部门依照有关规定核准、公布。品牌经销商营业执照统一核准为品牌汽车销售。

第三十七条 汽车、摩托车生产企业要加强营销网络的销售管理,规范维修服务;有责任向社会公告停产车型,并采取积极措施保证在合理期限内提供可靠的配件供应用于售后服务和维修;要定期向社会公布其授权和取消授权的品牌销售或维修企业名单;对未经品牌授权和不具备经营条件的经销商,不得提供产品。

第三十八条 汽车、摩托车和零部件销售商在经营活动中应遵守国家有关法律法规。对销售国家禁止或公告停止销售的车辆的,伪造或冒用他人厂名、厂址、合格证销售车辆的,未经汽车生产企业授权或已取消授权仍使用原品牌进行汽车、配件销售和维修服务的,以及经销假冒伪劣汽车配件并为客户提供修理服务的,有关部门要依法予以处罚。

第三十九条 汽车生产企业要兼顾制造和销售服务环节的整体利益,提高综合经济效益。转让销售环节的权益给其他法人机构的,应视为原投资项目可行性研究报告重大变更,除按规定报商务部批准外,需报请原项目审批单位核准。

第十章 投资管理

第四十条 按照有利于企业自主发展和政府实施宏观调控的原则,改革政府对汽车生产企业投资项目的审批管理制度,实行备案和核准两种方式。

第四十一条 实行备案的投资项目:

1.现有汽车、农用运输车和车用发动机生产企业自筹资金扩大同类别产品生产能力和增加品种,包括异地新建同类别产品的非独立法人生产单位。

2.投资生产摩托车及其发动机。

3.投资生产汽车、农用运输车和摩托车的零部件。

第四十二条 实行备案的投资项目中第1款由省级政府投资管理部门或计划单列企业集团报送国家发展和改革委员会备案;第2,3款由企业直接报送省级政府投资管理部门备案。备案内容见附件二。

第四十三条 实行核准的投资项目:

1. 新建汽车、农用运输车、车用发动机生产企业,包括现有汽车生产企业异地建设新的独立法人生产企业。

2. 现有汽车生产企业跨产品类别生产其他类别汽车整车产品。

第四十四条 实行核准的投资项目由省级政府投资管理部门或计划单列企业集团报国家发展和改革委员会审查,其中投资生产专用汽车的项目由省级政府投资管理部门核准后报国家发展和改革委员会备案,新建中外合资轿车项目由国家发展和改革委员会报国务院核准。

第四十五条 经核准的大型汽车企业集团发展规划,其所包含的项目由企业自行实施。

第四十六条 2006年1月1日前,暂停核准新建农用运输车生产企业。

第四十七条 新的投资项目应具备以下条件:

1. 新建摩托车及其发动机生产企业要具备技术开发的能力和条件,项目总投资不得低于2亿元人民币。

2. 专用汽车生产企业注册资本不得低于2000万元人民币,要具备产品开发的能力和条件。

3. 跨产品类别生产其他类汽车整车产品的投资项目,项目投资总额(含利用原有固定资产和无形资产等)不得低于15亿元人民币,企业资产负债率在50%之内,银行信用等级AAA。

4. 跨产品类别生产轿车类、其他乘用车类产品的汽车生产企业应具备批量生产汽车产品的业绩,近三年税后利润累计在10亿元以上(具有税务证明);企业资产负债率在50%之内,银行信用等级AAA。

5. 新建汽车生产企业的投资项目,项目投资总额不得低于20亿元人民币,其中自有资金不得低于8亿元人民币,要建立产品研究开发机构,且投资不得低于5亿元人民币。新建乘用车、重型载货汽车生产企业投资项目应包括为整车配套的发动机生产。

新建车用发动机生产企业的投资项目,项目投资总额不得低于15亿元人民币,其中自有资金不得低于5亿元人民币,要建立研究开发机构,产品水平要满足不断提高的国家技术规范的强制性要求。

6. 新建下列投资项目的生产规模不得低于:

重型载货汽车10000辆;

乘用车:装载四缸发动机50000辆;装载六缸发动机30000辆。

第四十八条 汽车整车、专用汽车、农用运输车和摩托车中外合资生产企业的中方股份比例不得低于50%。股票上市的汽车整车、专用汽车、农用运输车和摩托车股份公司对外出售法人股份时,中方法人之一必须相对控股且大于外资法人股之和。同一家外商可在国内建立两家(含两家)以下生产同类(乘用车类、商用车类、摩托车类)整车产品的合资企业,如与中方合资伙伴联合兼并国内其他汽车生产企业可不受两家的限制。境外具有法人资格的企业相对控股另一家企业,则视为同一家外商。

第四十九条　国内外汽车生产企业在出口加工区内投资生产出口汽车和车用发动机的项目,可不受本政策有关条款的约束,需报国务院专项审批。

第五十条　中外合资汽车生产企业合营各方延长合营期限、改变合资股比或外方股东的,需按有关规定报原审批部门办理。

第五十一条　实行核准的项目未获得核准通知的,土地管理部门不得办理土地征用,国有银行不得发放贷款,海关不办理免税,证监会不核准发行股票与上市,工商行政管理部门不办理新建企业登记注册手续。国家有关部门不受理生产企业和产品准入申请。

第十一章　进口管理

第五十二条　国家支持汽车生产企业努力提高汽车产品本地化生产能力,带动汽车零部件企业技术进步,发展汽车制造业。

第五十三条　汽车生产企业凡用进口零部件生产汽车构成整车特征的,应如实向商务部、海关总署、国家发展和改革委员会报告,其所涉及车型的进口件必须全部在属地海关报关纳税,以便有关部门实施有效管理。

第五十四条　严格按照进口整车和零部件税率征收关税,防止关税流失。国家有关职能部门要在申领配额、进口报关、产品准入等环节进行核查。

第五十五条　汽车整车特征的认定范围为车身(含驾驶室)总成、发动机总成、变速器总成、驱动桥总成、非驱动桥总成、车架总成、转向系统、制动系统等。

第五十六条　汽车总成(系统)特征的认定范围包括整套总成散件进口,或将总成或系统逐一分解成若干关键件进口。凡进口关键件达到或超过规定数量的,即视为构成总成特征。

第五十七条　按照汽车整车特征的认定范围达到下述状态的,视为构成整车特征:

1. 进口车身(含驾驶室)、发动机两大总成装车的;
2. 进口车身(含驾驶室)和发动机两大总成之一及其余三个总成(含)以上装车的;
3. 进口除车身(含驾驶室)和发动机两大总成以外其余五个总成(含)以上装车的。

第五十八条　国家指定大连新港、天津新港、上海港、黄埔港四个沿海港口和满洲里、深圳(皇岗)两个陆地口岸,以及新疆阿拉山口口岸(进口新疆维吾尔自治区自用、原产地为独联体国家的汽车整车)为整车进口口岸。进口汽车整车必须通过以上口岸进口。2005年起,所有进口口岸保税区不得存放以进入国内市场为目的的汽车。

第五十九条　国家禁止以贸易方式和接受捐赠方式进口旧汽车和旧摩托车及其零部

件,以及以废钢铁、废金属的名义进口旧汽车总成和零件进行拆解和翻新。对维修境外并复出境的上述产品可在出口加工区内进行,但不得进行旧汽车、旧摩托车的拆解和翻新业务。

第六十条 对进口整车、零部件的具体管理办法由海关总署会同有关部门制定,报国务院批准后实施。对国外送检样车、进境参展等临时进口的汽车,按照海关对暂时进出口货物的管理规定实施管理。

第十二章 汽 车 消 费

第六十一条 培育以私人消费为主体的汽车市场,改善汽车使用环境,维护汽车消费者权益。引导汽车消费者购买和使用低能耗、低污染、小排量、新能源、新动力的汽车,加强环境保护。实现汽车工业与城市交通设施、环境保护、能源节约和相关产业协调发展。

第六十二条 建立全国统一、开放的汽车市场和管理制度,各地政府要鼓励不同地区生产的汽车在本地区市场实现公平竞争,不得对非本地生产的汽车产品实施歧视性政策或可能导致歧视性结果的措施。凡在汽车购置、使用和产权处置方面不符合国家法规和本政策要求的各种限制和附加条件,应一律予以修订或取消。

第六十三条 国家统一制定和公布针对汽车的所有行政事业性收费和政府性基金的收费项目和标准,规范汽车注册登记环节和使用过程中的政府各项收费。各地在汽车购买、登记和使用环节,不得新增行政事业性收费和政府性基金项目和金额,如确需新增,应依据法律、法规或国务院批准的文件按程序报批。除国家规定的收费项目外,任何单位不得对汽车消费者强制收取任何非经营服务性费用。对违反规定强制收取的,汽车消费者有权举报并拒绝交纳。

第六十四条 加强经营服务性收费管理。汽车使用过程中所涉及的维修保养、非法定保险、机动车停放费等经营服务性收费,应以汽车消费者自愿接受服务为原则,由经营服务单位收取。维修保养等竞争性行业的收费及标准,由经营服务者按市场原则自行确定。机动车停放等使用垄断资源进行经营服务的,其收费标准和管理办法由国务院价格主管部门或授权省级价格主管部门制定、公布并监督实施。经营服务者要在收费场所设立收费情况动态告示牌,接受公众监督。

公路收费站点的设立必须符合国家有关规定。所有收费站点均应在收费站醒目位置公布收费依据和收费标准。

第六十五条 积极发展汽车服务贸易,推动汽车消费。国家支持发展汽车信用消费。从事汽车消费信贷业务的金融机构要改进服务,完善汽车信贷抵押办法。在确保信贷安全的前提下,允许消费者以所购汽车作为抵押获取汽车消费贷款。经核准,符合条件的企业可设立专业服务于汽车销售的非银行金融机构,外资可开展汽车消费信贷、租赁等业务。努力拓展汽车租赁、驾驶员培训、储运、救援等各项业务,健全汽车行业信息统计体系,发展汽车网络信息服务和电子商务。支持有条件的单位建立消费者信用信息体系,并实现信息共享。

第六十六条 国家鼓励二手车流通。有关部门要积极创造条件,统一规范二手车交易税费征管办法,方便汽车经销企业进行二手车交易,培育和发展二手车市场。

建立二手车自愿申请评估制度。除涉及国有资产的车辆外,二手车的交易价格由买卖双方商定;当事人可以自愿委托具有资质证书的中介机构进行评估,供交易时参考;任何单位和部门不得强制或变相强制对交易车辆进行评估。

第六十七条 开展二手车经营的企业,应具备相应的资金、场地和专业技术人员,经工商行政管理部门核准登记后开展经营活动。汽车销售商在销售二手车时,应向购车者提供车辆真实情况,不得隐瞒和欺诈。所销售的车辆必须具有《机动车登记证书》和《机动车行驶证》,同时具备公安交通管理部门和环境保护管理部门的有效年度检验证明。购车者购买的二手车如不能办理机动车转出登记和转入登记时,销售商应无条件接受退车,并承担相应的责任。

第六十八条 完善汽车保险制度。保险制度要根据消费者和投保汽车风险程度的高低来收取保费。鼓励保险业推进汽车保险产品多元化和保险费率市场化。

第六十九条 各城市人民政府要综合研究本市的交通需求和交通方式与城市道路和停车设施等交通资源平衡发展的政策和方法。制定非临时性限制行驶区域交通管制方案要实行听证制度。

第七十条 各城市人民政府应根据本市经济发展状况,以保障交通通畅、方便停车和促进汽车消费为原则,积极搞好停车场所及设施的规划和建设。制定停车场所用地政策和投资鼓励政策,鼓励个人、集体、外资投资建设停车设施。为规范城市停车设施的建设,建设部应制定相应标准,对居住区、商业区、公共场所及娱乐场所等建立停车设施提出明确要求。

第七十一条 国家有关部门统一制定和颁布汽车排放标准,并根据国情分为现行标准和预期标准。各省、自治区、直辖市人民政府根据本地实际情况,选择实行现行标准或预期标准。如选择预期标准为现行标准的,至少提前一年公布实施日期。

第七十二条 实行全国统一的机动车登记、检验管理制度,各地不得自行制定管理办法。在申请办理机动车注册登记和年度检验时,除按国家有关法律法规和国务院规定或授权规定应当提供的凭证(机动车所有人的身份证明、机动车来历证明、国产机动车整车出厂合格证或进口机动车进口证明、有关税收凭证、法定保险的保险费缴费凭证、年度检验合格凭证等)外,公安交通管理部门不得额外要求提交其他凭证。各级人民政府和有关部门也不得要求公安交通管理部门在注册登记和年度检验时增加查验其他凭证。汽车消费者提供的手续符合国家规定的,公安交通管理部门不得拒绝办理注册登记和年度检验。

第七十三条 公安交通和环境保护管理部门要根据汽车产品类别、用途和新旧状况协商有关部门制定差别化管理办法。对新车、非营运用车适当延长检验间隔时间,对老旧汽车可适当增加检验频次和检验项目。

第七十四条 公安交通管理部门核发的《机动车登记证书》在汽车租赁、汽车消费信贷、二手车交易时可作为机动车所有人的产权凭证使用,在汽车交易时必须同时将《机动车登记证书》转户。

第十三章 其 他

第七十五条 汽车行业组织、中介机构等社会团体要加强自身建设,增强服务意识,努力发挥中介组织的作用;要积极参与国际间相关业界的交流活动,在政府与企业间充分发挥桥梁和纽带作用,促进汽车产业发展。

第七十六条 香港特别行政区、澳门特别行政区和台湾地区的投资者在中国内地投资汽车工业的,按本政策的有关规定执行。

第七十七条 在道路机动车辆产品技术规范的强制性要求出台之前,暂行执行国家强制性标准。

第七十八条 本政策自发布之日起实施,由国家发展和改革委员会负责解释。

附件一:名词解释

1. 道路机动车辆

在道路上行驶的,至少有两个车轮,且最大设计车速超过 6km/h 的各类机动车及其挂车。主要包括汽车、农用运输车、摩托车和其他道路运输机械及挂车。不包括利用轨道行驶的车辆,以及农业、林业、工程等非道路用各种机动机械和拖拉机。

2. 汽车、专用汽车、农用运输车、摩托车

《汽车产业发展政策》所称汽车是指国家标准(GB/T 3730.1—2001)2.1 款定义的车辆,包括汽车整车和专用汽车;所称专用汽车是指国家标准(GB/T 3730.1—2001)2.1.1.11、2.1.2.3.5、2.1.2.3.6 款定义的车辆;所称农用运输车是指国家标准(GB 18320—2008)中定义的车辆;所称摩托车是指国家标准(GB/T 5359.1—2008)中定义的车辆。

3. 产品类别

按照国家标准定义的乘用车、商用车和摩托车及其细分类,其中:

(1)乘用车细分类。

轿车类:国家标准 GB/T 3730.1—2001 中 2.1.1.1 ~ 2.1.1.6。

其他乘用车类(包括多用途车和运动用车):国家标准 GB/T 3730.1—2001 中 2.1.1.7 ~ 2.1.1.11。

(2)商用车细分类。

客车类:国家标准 GB/T 3730.1—2001 中 2.1.2.1。

半挂牵引车及货车类：国家标准 GB/T 3730.1—2001 中 2.1.2.2,2.1.2.3。

4. 新建汽车、农用运输车、车用发动机投资项目

新建汽车整车、专用汽车、农用运输车、车用发动机生产企业（含中外合资企业），现有汽车整车、专用汽车、农用运输车、车用发动机生产企业（含中外合资企业）变更法人股东以及异地建设新的独立法人生产企业。异地是指企业所在市、县之外。

5. 项目投资总额

投资项目所需的全部固定资产（含原有固定资产和新增固定资产）投资、无形资产和流动资金的总和。

6. 自主产权（自主知识产权）

通过自主开发、联合开发或委托开发获得的产品，企业拥有产品工业产权、产品改进及认可权以及产品技术转让权。

7. 汽车生产企业

按照国家规定的审批程序在中国境内合法注册的汽车整车、专用汽车生产企业（包括中外合资、合作企业）。

8. 国内市场占有率

某一集团（企业）全年在国内市场整车销售量占全部国产汽车销售量的比例。

附件二：汽车投资项目备案内容

备案内容应包括：

（1）汽车生产企业或项目投资者的基本情况、法定地址、法定代表姓名、近三年企业经营业绩和银行资信。

（2）投资项目建设的必要性和国内外市场分析；产品技术水平分析和技术来源（产品知识产权说明）；项目投资总额、注册资本和资金来源；生产（营业）规模、项目建设内容；建设方式、建设进度安排。

（3）中外合资、合作企业中外方合资、合作者基本情况，包括外商名称、注册国家、法定地址和法定代表、国籍。外方在华投资情况及经营业绩。本投资项目中外各方股份比例，投资方式和资金来源，合资期限。

（4）外方技术转让、技术合作合同。

（5）投资项目的经济效益分析。

（6）环保、土地、银行承诺文件及所在地政府核准建设文件。

（7）地方政府配套条件及优惠政策。

附录 B 二手车流通管理办法

(商务部 公安部 国家工商行政管理总局 国家税务总局令2005年第2号)

第一章 总　则

第一条 为加强二手车流通管理,规范二手车经营行为,保障二手车交易双方的合法权益,促进二手车流通健康发展,依据国家有关法律、行政法规,制定本办法。

第二条 在中华人民共和国境内从事二手车经营活动或者与二手车相关的活动,适用本办法。

本办法所称二手车,是指从办理完注册登记手续到达到国家强制报废标准之前进行交易并转移所有权的汽车(包括三轮汽车、低速载货汽车,即原农用运输车,下同)、挂车和摩托车。

第三条 二手车交易市场是指依法设立、为买卖双方提供二手车集中交易和相关服务的场所。

第四条 二手车经营主体是指经工商行政管理部门依法登记,从事二手车经销、拍卖、经纪、鉴定评估的企业。

第五条 二手车经营行为是指二手车经销、拍卖、经纪、鉴定评估等。

(一)二手车经销是指二手车经销企业收购、销售二手车的经营活动;

(二)二手车拍卖是指二手车拍卖企业以公开竞价的形式将二手车转让给最高应价者的经营活动;

(三)二手车经纪是指二手车经纪机构以收取佣金为目的,为促成他人交易二手车而从事居间、行纪或者代理等经营活动;

(四)二手车鉴定评估是指二手车鉴定评估机构对二手车技术状况及其价值进行鉴定评估的经营活动。

第六条 二手车直接交易是指二手车所有人不通过经销企业、拍卖企业和经纪机构将车辆直接出售给买方的交易行为。二手车直接交易应当在二手车交易市场进行。

第七条 国务院商务主管部门、工商行政管理部门、税务部门在各自的职责范围内负责二手车流通有关监督管理工作。

省、自治区、直辖市和计划单列市商务主管部门(以下简称省级商务主管部门)、工商行政管理部门、税务部门在各自的职责范围内负责辖区内二手车流通有关监督管理工作。

第二章 设立条件和程序

第八条 二手车交易市场经营者、二手车经销企业和经纪机构应当具备企业法人条件，并依法到工商行政管理部门办理登记。

第九条 二手车鉴定评估机构应当具备下列条件：

（一）是独立的中介机构；

（二）有固定的经营场所和从事经营活动的必要设施；

（三）有3名以上从事二手车鉴定评估业务的专业人员（包括本办法实施之前取得国家职业资格证书的二手车鉴定估价师）；

（四）有规范的规章制度。

第十条 设立二手车鉴定评估机构，应当按下列程序办理：

（一）申请人向拟设立二手车鉴定评估机构所在地省级商务主管部门提出书面申请，并提交符合本办法第九条规定的相关材料；

（二）省级商务主管部门自收到全部申请材料之日起20个工作日内作出是否予以核准的决定，对予以核准的，颁发《二手车鉴定评估机构核准证书》；不予核准的，应当说明理由；

（三）申请人持《二手车鉴定评估机构核准证书》到工商行政管理部门办理登记手续。

第十一条 外商投资设立二手车交易市场、经销企业、经纪机构、鉴定评估机构的申请人，应当分别持符合第八条、第九条规定和《外商投资商业领域管理办法》、有关外商投资法律规定的相关材料报省级商务主管部门。省级商务主管部门进行初审后，自收到全部申请材料之日起1个月内上报国务院商务主管部门。合资中方有国家计划单列企业集团的，可直接将申请材料报送国务院商务主管部门。国务院商务主管部门自收到全部申请材料3个月内会同国务院工商行政管理部门，作出是否予以批准的决定，对予以批准的，颁发或者换发《外商投资企业批准证书》；不予批准的，应当说明理由。

申请人持《外商投资企业批准证书》到工商行政管理部门办理登记手续。

第十二条 设立二手车拍卖企业（含外商投资二手车拍卖企业）应当符合《中华人民共和国拍卖法》和《拍卖管理办法》有关规定，并按《拍卖管理办法》规定的程序办理。

第十三条 外资并购二手车交易市场和经营主体及已设立的外商投资企业增加二手车经营范围的，应当按第十一条、第十二条规定的程序办理。

第三章 行为规范

第十四条 二手车交易市场经营者和二手车经营主体应当依法经营和纳税，遵守商业道德，接受依法实施的监督检查。

第十五条 二手车卖方应当拥有车辆的所有权或者处置权。二手车交易市场经营者和二手车经营主体应当确认卖方的身份证明，车辆的号牌、《机动车登记证书》《机动车行驶证》，有效的机动车安全技术检验合格标志、车辆保险单、交纳税费凭证等。

国家机关、国有企事业单位在出售、委托拍卖车辆时，应持有本单位或者上级单位出具的资产处理证明。

第十六条 出售、拍卖无所有权或者处置权车辆的，应承担相应的法律责任。

第十七条 二手车卖方应当向买方提供车辆的使用、修理、事故、检验以及是否办理抵押登记、交纳税费、报废期等真实情况和信息。买方购买的车辆如因卖方隐瞒和欺诈不能办理转移登记，卖方应当无条件接受退车，并退还购车款等费用。

第十八条 二手车经销企业销售二手车时应当向买方提供质量保证及售后服务承诺，并在经营场所予以明示。

第十九条 进行二手车交易应当签订合同。合同示范文本由国务院工商行政管理部门制定。

第二十条 二手车所有人委托他人办理车辆出售的，应当与受托人签订委托书。

第二十一条 委托二手车经纪机构购买二手车时，双方应当按以下要求进行：

（一）委托人向二手车经纪机构提供合法身份证明；

（二）二手车经纪机构依据委托人要求选择车辆，并及时向其通报市场信息；

（三）二手车经纪机构接受委托购买时，双方签订合同；

（四）二手车经纪机构根据委托人要求代为办理车辆鉴定评估，鉴定评估所发生的费用由委托人承担。

第二十二条 二手车交易完成后，卖方应当及时向买方交付车辆、号牌及车辆法定证明、凭证。车辆法定证明、凭证主要包括：

（一）《机动车登记证书》；

（二）《机动车行驶证》；

（三）有效的机动车安全技术检验合格标志；

（四）车辆购置税完税证明；

（五）养路费缴付凭证；

（六）车船使用税缴付凭证；

（七）车辆保险单。

第二十三条 下列车辆禁止经销、买卖、拍卖和经纪：

（一）已报废或者达到国家强制报废标准的车辆；

（二）在抵押期间或者未经海关批准交易的海关监管车辆；

（三）在人民法院、人民检察院、行政执法部门依法查封、扣押期间的车辆；

（四）通过盗窃、抢劫、诈骗等违法犯罪手段获得的车辆；

（五）发动机号码、车辆识别代号或者车架号码与登记号码不相符，或者有凿改迹象的车辆；

（六）走私、非法拼（组）装的车辆；

（七）不具有第二十二条所列证明、凭证的车辆；

（八）在本行政辖区以外的公安机关交通管理部门注册登记的车辆；

（九）国家法律、行政法规禁止经营的车辆。

二手车交易市场经营者和二手车经营主体发现车辆具有（四）（五）（六）情形之一的，应当及时报告公安机关、工商行政管理部门等执法机关。

对交易违法车辆的，二手车交易市场经营者和二手车经营主体应当承担连带赔偿责任和其他相应的法律责任。

第二十四条 二手车经销企业销售、拍卖企业拍卖二手车时，应当按规定向买方开具税务机关监制的统一发票。

进行二手车直接交易和通过二手车经纪机构进行二手车交易的，应当由二手车交易市场经营者按规定向买方开具税务机关监制的统一发票。

第二十五条 二手车交易完成后，现车辆所有人应当凭税务机关监制的统一发票，按法律、法规有关规定办理转移登记手续。

第二十六条 二手车交易市场经营者应当为二手车经营主体提供固定场所和设施，并为客户提供办理二手车鉴定评估、转移登记、保险、纳税等手续的条件。二手车经销企业、经纪机构应当根据客户要求，代办二手车鉴定评估、转移登记、保险、纳税等手续。

第二十七条 二手车鉴定评估应当本着买卖双方自愿的原则，不得强制进行；属国有资产的二手车应当按国家有关规定进行鉴定评估。

第二十八条 二手车鉴定评估机构应当遵循客观、真实、公正和公开原则，依据国家法律法规开展二手车鉴定评估业务，出具车辆鉴定评估报告；并对鉴定评估报告中车辆技术状况，包括是否属事故车辆等评估内容负法律责任。

第二十九条 二手车鉴定评估机构和人员可以按国家有关规定从事涉案、事故车辆鉴定等评估业务。

第三十条 二手车交易市场经营者和二手车经营主体应当建立完整的二手车交易购销、买卖、拍卖、经纪以及鉴定评估档案。

第三十一条 设立二手车交易市场、二手车经销企业开设店铺，应当符合所在地城市发展及城市商业发展有关规定。

第四章 监督与管理

第三十二条 二手车流通监督管理遵循破除垄断，鼓励竞争，促进发展和公平、公正、公开的原则。

第三十三条　建立二手车交易市场经营者和二手车经营主体备案制度。凡经工商行政管理部门依法登记，取得营业执照的二手车交易市场经营者和二手车经营主体，应当自取得营业执照之日起 2 个月内向省级商务主管部门备案。省级商务主管部门应当将二手车交易市场经营者和二手车经营主体有关备案情况定期报送国务院商务主管部门。

第三十四条　建立和完善二手车流通信息报送、公布制度。二手车交易市场经营者和二手车经营主体应当定期将二手车交易量、交易额等信息通过所在地商务主管部门报送省级商务主管部门。省级商务主管部门将上述信息汇总后报送国务院商务主管部门。国务院商务主管部门定期向社会公布全国二手车流通信息。

第三十五条　商务主管部门、工商行政管理部门应当在各自的职责范围内采取有效措施，加强对二手车交易市场经营者和经营主体的监督管理，依法查处违法违规行为，维护市场秩序，保护消费者的合法权益。

第三十六条　国务院工商行政管理部门会同商务主管部门建立二手车交易市场经营者和二手车经营主体信用档案，定期公布违规企业名单。

第五章　附　　则

第三十七条　本办法自 2005 年 10 月 1 日起施行，原《商务部办公厅关于规范旧机动车鉴定评估管理工作的通知》（商建字〔2004〕第 70 号）、《关于加强旧机动车市场管理工作的通知》（国经贸贸易〔2001〕1281 号）、《旧机动车交易管理办法》（内贸机字〔1998〕第 33 号）及据此发布的各类文件同时废止。

附录 C 关于调整汽车报废标准若干规定的通知

(国经贸资源[2000]1202号)

各省、自治区、直辖市、计划单列市及新疆生产建设兵团经贸委(经委)、计委、公安厅(局)、环境保护局(厅)、汽车更新领导小组办公室：

为了鼓励技术进步、节约资源、促进汽车消费，现决定将1997年制定的汽车报废标准中非营运载客汽车和旅游载客汽车的使用年限及办理延缓的报废标准调整为：

一、9座(含9座)以下非营运载客汽车(包括轿车、含越野型)使用15年。

二、旅游载客汽车和9座以上非营运载客汽车使用10年。

三、上述车辆达到报废年限后需继续使用的，必须依据国家机动车安全、污染物排放有关规定进行严格检验，检验合格后可延长使用年限。但旅游载客汽车和9座以上非营运载客汽车可延长使用年限最长不超过10年。

四、对延长使用年限的车辆，应当按照公安交通管理部门和环境保护部门的规定，增加检验次数。一个检验周期内连续三次检验不符合要求的，应注销登记，不允许再上路行驶。

五、营运车辆转为非营运车辆或非营运车辆转为营运车辆，一律按营运车辆的规定报废。

六、本通知没有调整的内容和其他类型的汽车(包括右置转向盘汽车)，仍按照国家经贸委等部门《关于发布〈汽车报废标准〉的通知》(国经贸经[1997]456号)和《关于调整轻型载货汽车报废标准的通知》(国经贸经[1998]407号)执行。

七、本通知所称非营运载客汽车是指：单位和个人不以获取运输利润为目的的自用载客汽车；旅游载客汽车是指：经各级旅游主管部门批准的旅行社专门运载游客的自用载客汽车。

八、本通知自发布之日起施行。

国家经济贸易委员会
国家发展计划委员会
公安部
国家环境保护总局
二〇〇〇年十二月十八日

附录 D 复利系数表

复利终值

计算公式：$f = (1+i)^n$

期数	1%	2%	3%	4%	5%	6%	7%	8%	9%	10%	11%	12%	13%	14%	15%
1	1.0100	1.0200	1.0300	1.0400	1.0500	1.0600	1.0700	1.0800	1.0900	1.1000	1.1100	1.1200	1.1300	1.1400	1.1500
2	1.0201	1.0404	1.0609	1.0816	1.1025	1.1236	1.1449	1.1664	1.1881	1.2100	1.2321	1.2544	1.2769	1.2996	1.3225
3	1.0303	1.0612	1.0927	1.1249	1.1576	1.1910	1.2250	1.2597	1.2950	1.3310	1.3676	1.4049	1.4429	1.4815	1.5209
4	1.0406	1.0824	1.1255	1.1699	1.2155	1.2625	1.3108	1.3605	1.4116	1.4641	1.5181	1.5735	1.6305	1.6890	1.7490
5	1.0510	1.1041	1.1593	1.2167	1.2763	1.3382	1.4026	1.4693	1.5386	1.6105	1.6851	1.7623	1.8424	1.9254	2.0114
6	1.0615	1.1262	1.1941	1.2653	1.3401	1.4185	1.5007	1.5869	1.6771	1.7716	1.8704	1.9738	2.0820	2.1950	2.3131
7	1.0721	1.1487	1.2299	1.3159	1.4071	1.5036	1.6058	1.7138	1.8280	1.9487	2.0762	2.2107	2.3526	2.5023	2.6600
8	1.0829	1.1717	1.2668	1.3686	1.4775	1.5938	1.7182	1.8509	1.9926	2.1436	2.3045	2.4760	2.6584	2.8526	3.0590
9	1.0937	1.1951	1.3048	1.4233	1.5513	1.6895	1.8385	1.9990	2.1719	2.3579	2.5580	2.7731	3.0040	3.2519	3.5179
10	1.1046	1.2190	1.3439	1.4802	1.6289	1.7908	1.9672	2.1589	2.3674	2.5937	2.8394	3.1058	3.3946	3.7072	4.0456
11	1.1157	1.2434	1.3842	1.5395	1.7103	1.8983	2.1049	2.3316	2.5804	2.8531	3.1518	3.4786	3.8359	4.2262	4.6524
12	1.1268	1.2682	1.4258	1.6010	1.7959	2.0122	2.2522	2.5182	2.8127	3.1384	3.4985	3.8960	4.3345	4.8179	5.3503
13	1.1381	1.2936	1.4685	1.6651	1.8856	2.1329	2.4098	2.7196	3.0658	3.4523	3.8833	4.3635	4.8980	5.4924	6.1528
14	1.1495	1.3195	1.5126	1.7317	1.9799	2.2609	2.5785	2.9372	3.3417	3.7975	4.3104	4.8871	5.5348	6.2613	7.0757
15	1.1610	1.3459	1.5580	1.8009	2.0789	2.3966	2.7590	3.1722	3.6425	4.1772	4.7846	5.4736	6.2543	7.1379	8.1371
16	1.1726	1.3728	1.6047	1.8730	2.1829	2.5404	2.9522	3.4259	3.9703	4.5950	5.3109	6.1304	7.0673	8.1372	9.3576
17	1.1843	1.4002	1.6528	1.9479	2.2920	2.6928	3.1588	3.7000	4.3276	5.0545	5.8951	6.8660	7.9861	9.2765	10.7613
18	1.1961	1.4282	1.7024	2.0258	2.4066	2.8543	3.3799	3.9960	4.7171	5.5599	6.5436	7.6900	9.0243	10.5752	12.3755
19	1.2081	1.4568	1.7535	2.1068	2.5270	3.0256	3.6165	4.3157	5.1417	6.1159	7.2633	8.6128	10.1974	12.0557	14.2318
20	1.2202	1.4859	1.8061	2.1911	2.6533	3.2071	3.8697	4.6610	5.6044	6.7275	8.0623	9.6463	11.5231	13.7435	16.3665
21	1.2324	1.5157	1.8603	2.2788	2.7860	3.3996	4.1406	5.0338	6.1088	7.4002	8.9492	10.8038	13.0211	15.6676	18.8215
22	1.2447	1.5460	1.9161	2.3699	2.9253	3.6035	4.4304	5.4365	6.6586	8.1403	9.9336	12.1003	14.7138	17.8610	21.6447
23	1.2572	1.5769	1.9736	2.4647	3.0715	3.8197	4.7405	5.8715	7.2579	8.9543	11.0263	13.5523	16.6266	20.3616	24.8915
24	1.2697	1.6084	2.0328	2.5633	3.2251	4.0489	5.0724	6.3412	7.9111	9.8497	12.2392	15.1786	18.7881	23.2122	28.6252
25	1.2824	1.6406	2.0938	2.6658	3.3864	4.2919	5.4274	6.8485	8.6231	10.8347	13.5855	17.0001	21.2305	26.4619	32.9190
26	1.2953	1.6734	2.1566	2.7725	3.5557	4.5494	5.8074	7.3964	9.3992	11.9182	15.0799	19.0401	23.9905	30.1666	37.8568
27	1.3082	1.7069	2.2213	2.8834	3.7335	4.8223	6.2139	7.9881	10.2451	13.1100	16.7389	21.3249	27.1093	34.3899	43.5353
28	1.3213	1.7410	2.2879	2.9987	3.9201	5.1117	6.6488	8.6271	11.1671	14.4210	18.5799	23.8839	30.6335	39.2045	50.0656
29	1.3345	1.7758	2.3566	3.1187	4.1161	5.4184	7.1143	9.3173	12.1722	15.8631	20.6237	26.7499	34.6158	44.6931	57.5755
30	1.3478	1.8114	2.4273	3.2434	4.3219	5.7435	7.6123	10.0627	13.2677	17.4494	22.8923	29.9599	39.1159	50.9502	66.2118

系数表 附表 D-1

16%	17%	18%	19%	20%	21%	22%	23%	24%	25%	26%	27%	28%	29%	30%
1.1600	1.1700	1.1800	1.1900	1.2000	1.2100	1.2200	1.2300	1.2400	1.2500	1.2600	1.2700	1.2800	1.2900	1.3000
1.3456	1.3689	1.3924	1.4161	1.4400	1.4641	1.4884	1.5129	1.5376	1.5625	1.5876	1.6129	1.6384	1.6641	1.6900
1.5609	1.6016	1.6430	1.6852	1.7280	1.7716	1.8158	1.8609	1.9066	1.9531	2.0004	2.0484	2.0972	2.1467	2.1970
1.8106	1.8739	1.9388	2.0053	2.0736	2.1436	2.2153	2.2889	2.3642	2.4414	2.5205	2.6014	2.6844	2.7692	2.8561
2.1003	2.1924	2.2878	2.3864	2.4883	2.5937	2.7027	2.8153	2.9316	3.0518	3.1758	3.3038	3.4360	3.5723	3.7129
2.4364	2.5652	2.6996	2.8398	2.9860	3.1384	3.2973	3.4628	3.6352	3.8147	4.0015	4.1959	4.3980	4.6083	4.8268
2.8262	3.0012	3.1855	3.3793	3.5832	3.7975	4.0227	4.2593	4.5077	4.7684	5.0419	5.3288	5.6295	5.9447	6.2749
3.2784	3.5115	3.7589	4.0214	4.2998	4.5950	4.9077	5.2389	5.5895	5.9605	6.3528	6.7675	7.2058	7.6686	8.1573
3.8030	4.1084	4.4355	4.7854	5.1598	5.5599	5.9874	6.4439	6.9310	7.4506	8.0045	8.5948	9.2234	9.8925	10.6045
4.4114	4.8068	5.2338	5.6947	6.1917	6.7275	7.3046	7.9259	8.5944	9.3132	10.0857	10.9153	11.8059	12.7614	13.7858
5.1173	5.6240	6.1759	6.7767	7.4301	8.1403	8.9117	9.7489	10.6571	11.6415	12.7080	13.8625	15.1116	16.4622	17.9216
5.9360	6.5801	7.2876	8.0642	8.9161	9.8497	10.8722	11.9912	13.2148	14.5519	16.0120	17.6053	19.3428	21.2362	23.2981
6.8858	7.6987	8.5994	9.5964	10.6993	11.9182	13.2641	14.7491	16.3863	18.1899	20.1752	22.3588	24.7588	27.3947	30.2875
7.9875	9.0075	10.1472	11.4198	12.8392	14.4210	16.1822	18.1414	20.3191	22.7374	25.4207	28.3957	31.6913	35.3391	39.3738
9.2655	10.5387	11.9737	13.5895	15.4070	17.4494	19.7423	22.3140	25.1956	28.4217	32.0301	36.0625	40.5648	45.5875	51.1859
10.7480	12.3303	14.1290	16.1715	18.4884	21.1138	24.0856	27.4462	31.2426	35.5271	40.3579	45.7994	51.9230	58.8079	66.5417
12.4677	14.4265	16.6722	19.2441	22.1861	25.5477	29.3844	33.7588	38.7408	44.4089	50.8510	58.1652	66.4614	75.8621	86.5042
14.4625	16.8790	19.6733	22.9005	26.6233	30.9127	35.8490	41.5233	48.0386	55.5112	64.0722	73.8698	85.0706	97.8622	112.4554
16.7765	19.7484	23.2144	27.2516	31.9480	37.4043	43.7358	51.0737	59.5679	69.3889	80.7310	93.8147	108.8904	126.2422	146.1920
19.4608	23.1056	27.3930	32.4294	38.3376	45.2593	53.3576	62.8206	73.8641	86.7362	101.7211	119.1446	139.3797	162.8524	190.0496
22.5745	27.0336	32.3238	38.5910	46.0051	54.7637	65.0963	77.2694	91.5915	108.4202	128.1685	151.3137	178.4060	210.0796	247.0645
26.1864	31.6293	38.1421	45.9233	55.2061	66.2641	79.4175	95.0413	113.5735	135.5253	161.4924	192.1683	228.3596	271.0027	321.1839
30.3762	37.0062	45.0076	54.6487	66.2474	80.1795	96.8894	116.9008	140.8312	169.4066	203.4804	244.0538	292.3003	349.5935	417.5391
35.2364	43.2973	53.1090	65.0320	79.4968	97.0172	118.2050	143.7880	174.6306	211.7582	256.3853	309.9483	374.1444	450.9756	542.8008
40.8742	50.6578	62.6686	77.3881	95.3962	117.3909	144.2101	176.8593	216.5420	264.6978	323.0454	393.6344	478.9049	581.7585	705.6410
47.4141	59.2697	73.9490	92.0918	114.4755	142.0429	175.9364	217.5369	268.5121	330.8722	407.0373	499.9157	612.9982	750.4685	917.3333
55.0004	69.3455	87.2598	109.5893	137.3706	171.8719	214.6424	267.5704	332.9550	413.5903	512.8670	634.8929	784.6377	968.1044	1192.5333
63.8004	81.1342	102.9666	130.4112	164.8447	207.9651	261.8637	329.1115	412.8642	516.9879	646.2124	806.3140	1004.3363	1248.8546	1550.2933
74.0085	94.9271	121.5005	155.1893	197.8136	251.6377	319.4737	404.8072	511.9516	646.2349	814.2276	1024.0187	1285.5504	1611.0225	2015.3813
85.8499	111.0647	143.3706	184.6753	237.3763	304.4816	389.7579	497.9129	634.8199	807.7936	1025.9267	1300.5038	1645.5046	2078.2190	2619.9956

复利现值

计算公式：$f=(1+i)^{-n}$

期数	1%	2%	3%	4%	5%	6%	7%	8%	9%	10%	11%	12%	13%	14%	15%
1	0.9901	0.9804	0.9709	0.9615	0.9524	0.9434	0.9346	0.9259	0.9174	0.9091	0.9009	0.8929	0.8850	0.8772	0.8696
2	0.9803	0.9612	0.9426	0.9246	0.9070	0.8900	0.8734	0.8573	0.8417	0.8264	0.8116	0.7972	0.7831	0.7695	0.7561
3	0.9706	0.9423	0.9151	0.8890	0.8638	0.8396	0.8163	0.7938	0.7722	0.7513	0.7312	0.7118	0.6931	0.6750	0.6575
4	0.9610	0.9238	0.8885	0.8548	0.8227	0.7921	0.7629	0.7350	0.7084	0.6830	0.6587	0.6355	0.6133	0.5921	0.5718
5	0.9515	0.9057	0.8626	0.8219	0.7835	0.7473	0.7130	0.6806	0.6499	0.6209	0.5935	0.5674	0.5428	0.5194	0.4972
6	0.9420	0.8880	0.8375	0.7903	0.7462	0.7050	0.6663	0.6302	0.5963	0.5645	0.5346	0.5066	0.4803	0.4556	0.4323
7	0.9327	0.8706	0.8131	0.7599	0.7107	0.6651	0.6227	0.5835	0.5470	0.5132	0.4817	0.4523	0.4251	0.3996	0.3759
8	0.9235	0.8535	0.7894	0.7307	0.6768	0.6274	0.5820	0.5403	0.5019	0.4665	0.4339	0.4039	0.3762	0.3506	0.3269
9	0.9143	0.8368	0.7664	0.7026	0.6446	0.5919	0.5439	0.5002	0.4604	0.4241	0.3909	0.3606	0.3329	0.3075	0.2843
10	0.9053	0.8203	0.7441	0.6756	0.6139	0.5584	0.5083	0.4632	0.4224	0.3855	0.3522	0.3220	0.2946	0.2697	0.2472
11	0.8963	0.8043	0.7224	0.6496	0.5847	0.5268	0.4751	0.4289	0.3875	0.3505	0.3173	0.2875	0.2607	0.2366	0.2149
12	0.8874	0.7885	0.7014	0.6246	0.5568	0.4970	0.4440	0.3971	0.3555	0.3186	0.2858	0.2567	0.2307	0.2076	0.1869
13	0.8787	0.7730	0.6810	0.6006	0.5303	0.4688	0.4150	0.3677	0.3262	0.2897	0.2575	0.2292	0.2042	0.1821	0.1625
14	0.8700	0.7579	0.6611	0.5775	0.5051	0.4423	0.3878	0.3405	0.2992	0.2633	0.2320	0.2046	0.1807	0.1597	0.1413
15	0.8613	0.7430	0.6419	0.5553	0.4810	0.4173	0.3624	0.3152	0.2745	0.2394	0.2090	0.1827	0.1599	0.1401	0.1229
16	0.8528	0.7284	0.6232	0.5339	0.4581	0.3936	0.3387	0.2919	0.2519	0.2176	0.1883	0.1631	0.1415	0.1229	0.1069
17	0.8444	0.7142	0.6050	0.5134	0.4363	0.3714	0.3166	0.2703	0.2311	0.1978	0.1696	0.1456	0.1252	0.1078	0.0929
18	0.8360	0.7002	0.5874	0.4936	0.4155	0.3503	0.2959	0.2502	0.2120	0.1799	0.1528	0.1300	0.1108	0.0946	0.0808
19	0.8277	0.6864	0.5703	0.4746	0.3957	0.3305	0.2765	0.2317	0.1945	0.1635	0.1377	0.1161	0.0981	0.0829	0.0703
20	0.8195	0.6730	0.5537	0.4564	0.3769	0.3118	0.2584	0.2145	0.1784	0.1486	0.1240	0.1037	0.0868	0.0728	0.0611
21	0.8114	0.6598	0.5375	0.4388	0.3589	0.2942	0.2415	0.1987	0.1637	0.1351	0.1117	0.0926	0.0768	0.0638	0.0531
22	0.8034	0.6468	0.5219	0.4220	0.3418	0.2775	0.2257	0.1839	0.1502	0.1228	0.1007	0.0826	0.0680	0.0560	0.0462
23	0.7954	0.6342	0.5067	0.4057	0.3256	0.2618	0.2109	0.1703	0.1378	0.1117	0.0907	0.0738	0.0601	0.0491	0.0402
24	0.7876	0.6217	0.4919	0.3901	0.3101	0.2470	0.1971	0.1577	0.1264	0.1015	0.0817	0.0659	0.0532	0.0431	0.0349
25	0.7798	0.6095	0.4776	0.3751	0.2953	0.2330	0.1842	0.1460	0.1160	0.0923	0.0736	0.0588	0.0471	0.0378	0.0304
26	0.7720	0.5976	0.4637	0.3607	0.2812	0.2198	0.1722	0.1352	0.1064	0.0839	0.0663	0.0525	0.0417	0.0331	0.0264
27	0.7644	0.5859	0.4502	0.3468	0.2678	0.2074	0.1609	0.1252	0.0976	0.0763	0.0597	0.0469	0.0369	0.0291	0.0230
28	0.7568	0.5744	0.4371	0.3335	0.2551	0.1956	0.1504	0.1159	0.0895	0.0693	0.0538	0.0419	0.0326	0.0255	0.0200
29	0.7493	0.5631	0.4243	0.3207	0.2429	0.1846	0.1406	0.1073	0.0822	0.0630	0.0485	0.0374	0.0289	0.0224	0.0174
30	0.7419	0.5521	0.4120	0.3083	0.2314	0.1741	0.1314	0.0994	0.0754	0.0573	0.0437	0.0334	0.0256	0.0196	0.0151

系数表 附表 D-2

16%	17%	18%	19%	20%	21%	22%	23%	24%	25%	26%	27%	28%	29%	30%
0.8621	0.8547	0.8475	0.8403	0.8333	0.8264	0.8197	0.8130	0.8065	0.8000	0.7937	0.7874	0.7813	0.7752	0.7692
0.7432	0.7305	0.7182	0.7062	0.6944	0.6830	0.6719	0.6610	0.6504	0.6400	0.6299	0.6200	0.6104	0.6009	0.5917
0.6407	0.6244	0.6086	0.5934	0.5787	0.5645	0.5507	0.5374	0.5245	0.5120	0.4999	0.4882	0.4768	0.4658	0.4552
0.5523	0.5337	0.5158	0.4987	0.4823	0.4665	0.4514	0.4369	0.4230	0.4096	0.3968	0.3844	0.3725	0.3611	0.3501
0.4761	0.4561	0.4371	0.4190	0.4019	0.3855	0.3700	0.3552	0.3411	0.3277	0.3149	0.3027	0.2910	0.2799	0.2693
0.4104	0.3898	0.3704	0.3521	0.3349	0.3186	0.3033	0.2888	0.2751	0.2621	0.2499	0.2383	0.2274	0.2170	0.2072
0.3538	0.3332	0.3139	0.2959	0.2791	0.2633	0.2486	0.2348	0.2218	0.2097	0.1983	0.1877	0.1776	0.1682	0.1594
0.3050	0.2848	0.2660	0.2487	0.2326	0.2176	0.2038	0.1909	0.1789	0.1678	0.1574	0.1478	0.1388	0.1304	0.1226
0.2630	0.2434	0.2255	0.2090	0.1938	0.1799	0.1670	0.1552	0.1443	0.1342	0.1249	0.1164	0.1084	0.1011	0.0943
0.2267	0.2080	0.1911	0.1756	0.1615	0.1486	0.1369	0.1262	0.1164	0.1074	0.0992	0.0916	0.0847	0.0784	0.0725
0.1954	0.1778	0.1619	0.1476	0.1346	0.1228	0.1122	0.1026	0.0938	0.0859	0.0787	0.0721	0.0662	0.0607	0.0558
0.1685	0.1520	0.1372	0.1240	0.1122	0.1015	0.0920	0.0834	0.0757	0.0687	0.0625	0.0568	0.0517	0.0471	0.0429
0.1452	0.1299	0.1163	0.1042	0.0935	0.0839	0.0754	0.0678	0.0610	0.0550	0.0496	0.0447	0.0404	0.0365	0.0330
0.1252	0.1110	0.0985	0.0876	0.0779	0.0693	0.0618	0.0551	0.0492	0.0440	0.0393	0.0352	0.0316	0.0283	0.0254
0.1079	0.0949	0.0835	0.0736	0.0649	0.0573	0.0507	0.0448	0.0397	0.0352	0.0312	0.0277	0.0247	0.0219	0.0195
0.0930	0.0811	0.0708	0.0618	0.0541	0.0474	0.0415	0.0364	0.0320	0.0281	0.0248	0.0218	0.0193	0.0170	0.0150
0.0802	0.0693	0.0600	0.0520	0.0451	0.0391	0.0340	0.0296	0.0258	0.0225	0.0197	0.0172	0.0150	0.0132	0.0116
0.0691	0.0592	0.0508	0.0437	0.0376	0.0323	0.0279	0.0241	0.0208	0.0180	0.0156	0.0135	0.0118	0.0102	0.0089
0.0596	0.0506	0.0431	0.0367	0.0313	0.0267	0.0229	0.0196	0.0168	0.0144	0.0124	0.0107	0.0092	0.0079	0.0068
0.0514	0.0433	0.0365	0.0308	0.0261	0.0221	0.0187	0.0159	0.0135	0.0115	0.0098	0.0084	0.0072	0.0061	0.0053
0.0443	0.0370	0.0309	0.0259	0.0217	0.0183	0.0154	0.0129	0.0109	0.0092	0.0078	0.0066	0.0056	0.0048	0.0040
0.0382	0.0316	0.0262	0.0218	0.0181	0.0151	0.0126	0.0105	0.0088	0.0074	0.0062	0.0052	0.0044	0.0037	0.0031
0.0329	0.0270	0.0222	0.0183	0.0151	0.0125	0.0103	0.0086	0.0071	0.0059	0.0049	0.0041	0.0034	0.0029	0.0024
0.0284	0.0231	0.0188	0.0154	0.0126	0.0103	0.0085	0.0070	0.0057	0.0047	0.0039	0.0032	0.0027	0.0022	0.0018
0.0245	0.0197	0.0160	0.0129	0.0105	0.0085	0.0069	0.0057	0.0046	0.0038	0.0031	0.0025	0.0021	0.0017	0.0014
0.0211	0.0169	0.0135	0.0109	0.0087	0.0070	0.0057	0.0046	0.0037	0.0030	0.0025	0.0020	0.0016	0.0013	0.0011
0.0182	0.0144	0.0115	0.0091	0.0073	0.0058	0.0047	0.0037	0.0030	0.0024	0.0019	0.0016	0.0013	0.0010	0.0008
0.0157	0.0123	0.0097	0.0077	0.0061	0.0048	0.0038	0.0030	0.0024	0.0019	0.0015	0.0012	0.0010	0.0008	0.0006
0.0135	0.0105	0.0082	0.0064	0.0051	0.0040	0.0031	0.0025	0.0020	0.0015	0.0012	0.0010	0.0008	0.0006	0.0005
0.0116	0.0090	0.0070	0.0054	0.0042	0.0033	0.0026	0.0020	0.0016	0.0012	0.0010	0.0008	0.0006	0.0005	0.0004

附录 E　上海市二手车买卖合同示范文本

使用说明

一、本合同文本是依据《中华人民共和国合同法》《二手车流通管理办法》等有关法律、法规和规章制定的示范文本,供双方当事人约定使用。

二、出卖人必须拥有出卖车辆的所有权或处置权。属国有资产的应当按国家有关规定进行鉴定评估,并持有本单位或上级单位出具的资产处理证明。

三、本合同签订前,买卖双方应当充分了解本合同的有关内容;了解并核对合同的条款、履行合同的时间、支付车款与其他费用的数额和方式、违约责任的承担、发生争议的解决方法等。

出卖人应向买受人提供车辆的使用、修理、事故、检验以及是否办理抵押登记、海关监管、交纳税费期限、使用期限等真实情况和信息。

买受人在签订本合同前,应当仔细了解、查验二手车的车况、有关车辆的证明文件及了解各项服务内容等。

二手车经销企业销售二手车时应当向买受人提供质量保证及售后服务承诺,并在经营场所予以明示。

四、二手车交易市场或二手车经销企业应对本合同买卖双方身份证明和合同签章的真实性进行审核确认。

五、本合同有关条款下均有空白项,供双方自行约定。

六、本合同示范文本自 2006 年 3 月 15 日起使用,今后在未制定新的版本前,本版本延续使用。

上海市二手车买卖合同

合同编号:＿＿＿＿＿＿

签约地址:＿＿＿＿＿＿

出卖人(以下简称甲方):＿＿＿＿＿＿＿＿＿＿＿＿

买受人(以下简称乙方):＿＿＿＿＿＿＿＿＿＿＿＿

第一条 目的

依据有关法律、法规和规章的规定,甲、乙双方在自愿、平等和协商一致的基础上,就二手车买卖和完成其他服务事项,签订本合同。

第二条 当事人及车辆情况

(一)甲方基本情况

1. 单位代码证号□□□□□□□□—□ 法定代表人_____

 经办人_____ 身份证号码□□□□□□□□□□□□□□□□□□

 单位地址_____

 邮政编码_____ 联系电话_____

2. 自然人身份证号码□□□□□□□□□□□□□□□□□□

 现居住地址_____

 邮政编码_____ 联系电话_____

(二)乙方基本情况

1. 单位代码证号□□□□□□□□—□ 法定代表人_____

 经办人_____ 身份证号码□□□□□□□□□□□□□□□□□□

 单位地址_____

 邮政编码_____ 联系电话_____

2. 自然人身份证号码□□□□□□□□□□□□□□□□□□

 现居住地址_____

 邮政编码_____ 联系电话_____

(三)车辆基本情况

车辆牌号 沪_____   车辆类型_____

厂牌、型号_____   颜　　色_____

初次登记日期_____   登记证号_____

发动机号码_____   车架号码_____

行驶里程_____ km   使用年限至_____年_____月_____日

车辆年检签证有效期至_____年_____月   排放标准_____

车辆购置税完税证明证号_____(征税、免税)

车船使用税纳税记录卡缴付截止期_____

车辆养路费交讫截止期_____年_____月(证号_____)

车辆保险险种_____

_____

保险有效期截止日期_____年_____月_____日

配　　置_____

_____

其他情况_____

_____

第三条　车辆价款、过户手续费

本车价款为人民币_____元(大写_____元),其中包含车辆、备胎以及_____等款项。

过户手续费约为人民币_____元(大写_____元),由_____承担(以实际发生费用为准支付)。

第四条　定金和价款的支付、过户手续、车辆交付

(一)乙方应于本合同签订时,按车价款____%(≤20%)人民币____元(大写_____元)作为定金支付给甲方。

(二)车辆在过户、转籍手续完成前,选择以下第(　　)项方式使用和保管:

1.继续由甲方使用和保管。

2.交由乙方使用和保管。

(三)____方应于本合同签订后____日内,将本车办理过户□/转籍□所需的有关证件原件及复印件交付给____方(做好签收手续),由____方负责办理手续;____方为二手车经销企业时,由____方负责办理(过户□/转籍□)手续。

(四)自过户、转籍手续完成之日起____日内,乙方应向甲方支付车价款人民币_____元(大写_____元),同时____方付清过户手续费。支付方式:(现金□/转账□)。

(五)如由甲方办理过户、转籍手续的,应于收到全部车价款之日起____日内将有关证件交给乙方;如车辆由甲方使用和保管的应于收到全部车价款之日起____日内将车辆交给乙方(交付地点_____)。

(六)_____

_____

第五条　双方的权利义务

(一)甲方承诺出卖车辆不存在任何权属上的法律问题和尚未处理完毕的道路交通安全违法行为或者交通事故;应提供车辆的使用、维修、事故、检验以及是否办理抵押登记、海关监管、交纳税费期限、使用期限等真实情况和信息。

(二)甲方属二手车经销企业的,还应向乙方提供质量保证及售后服务承诺。

(三)对转出本市的车辆,乙方应了解、确认买受车辆能在转入所在地办理转入手续。

(四)双方应在约定的时间内提供各类证明、证件并确保真实有效。

(五)_____

第六条 违约责任

(一)违反本合同第四条第3款,致使车辆不能过户、转籍,合同无法继续履行的,本合同解除。甲方违约的,甲方向乙方双倍返还定金并赔偿乙方相应损失;乙方违约的,则乙方无权要求返回定金并赔偿甲方相应损失。

(二)违反本合同第四条第4款,乙方未按合同约定支付的,应按延期天数向甲方支付违约金人民币_____元/天。

(三)违反本合同第四条第5款,甲方延期交付过户、转籍的有关证件或车辆的,应按延期天数向乙方支付违约金人民币_____元/天。

(四)违反本合同第五条第1款,乙方有权解除本合同,甲方应无条件接受退回的车辆并退回乙方全部车款,双倍返还定金并赔偿乙方相应损失。

(五)违反本合同第五条第2款,甲方应向乙方支付车辆价款的____%(人民币_____元)的违约金,并继续提供质量保证及售后服务承诺。

(六)违反本合同第五条第3款,致使车辆不能在转入所在地办理转入手续的,本合同解除,乙方无权要求返还定金,并赔偿甲方相应经济损失。

(七)违反本合同第五条第4款,致使出让车辆不能过户、转籍的,守约方有权解除本合同,违约方应支付人民币_____元给守约方,守约方另有损失的,由违约方赔偿损失。

(八)_____

第七条 风险承担

本合同签订后,车辆在过户、转籍手续完成并实际交付前:

(一)甲方使用和保管的,由甲方承担风险责任。

(二)乙方使用和保管的,由乙方承担风险责任。

第八条 争议解决方式

因本合同发生的争议,由双方协商解决,或向有关行业组织及消费者权益保护委员会申请调解。

当事人不愿协商、调解,或协商、调解不成的,按下列第_____种方式解决:

(一)向上海仲裁委员会申请仲裁;

(二)向人民法院起诉。

第九条 其他

(一)本合同未约定的事项,按照《中华人民共和国合同法》《二手车流通管理办法》以及有关的法律、法规和规章执行。

(二)双方因履行本合同而签署的补充协议及提供的其他书面文件,均为本合同不可分割的一部分,具有同等法律效力。

(三)本合同经双方当事人签字或盖章后生效。本合同一式三份,由甲方、乙方和二手车交易市场各执一份,具有同等法律效力。

(四)_____

_____

甲方(签章):	乙方(签章):
法定代表人(签章):	法定代表人(签章):
经 办 人:	经 办 人:
开户银行:	开户银行:
账　　号:	账　　号:
签约时间:　年　月　日	签约时间:　年　月　日

附录 F 二手车技术状况鉴定作业明细表

业务类型：□交易(过户) □转籍 □拍卖 □置换 □抵押 □担保 □咨询 □司法裁决

车辆基本状况*						
1. 车牌号		7. 登记日期		13. 涡轮增压		有/无
2. 品牌/车型		8. 车身形状	两厢/三厢	14. VIN(车架号)		
3. 燃油种类		9. 驱动方式	2WD/4WD	15. 车身颜色		
4. 发动机排量	L	10. 变速器	AT/MT/CVT	16. 发动机号		
5. 公里数	km	11. 气囊	无/1/2/4/6/8	17. 制动方式		
6. 出厂日期		12. ABS、EBD	有/无	18. 灭火器/三角牌		

类别	部位	鉴定内容	判定	部位	鉴定内容	判定	部位	鉴定内容	判定
静态检查	车体外观	1. 保险杠					发动机舱	28. 清洁程度	
		2. 后视镜						29. 发动机机油*	
		3. 车窗/天窗/玻璃*						30. 散热器及部件*	
		4. 车轮/轮胎*						31. 制冷部件	
		5. 全车灯罩						32. 转向助力部件*	
		6. 车身漆面*						33. 制动系统部件*	
		7. 钣金件间隙*						34. 进/排气系统部件*	
		8. 封胶/防撞条*						35. 供油系统部件*	
		9. A、B、C 门柱*						36. 蓄电池/电路部件*	
		10. 车身反光标识						37. 悬架及动力支撑*	
		11. 清洁/完整度						38. 发动机不解体探伤	
	驾驶/乘坐区	12. 安全带*		底盘件	20. 前/后悬架及阻尼*		底盘件	39. 燃料管路*	
		13. 车厢灯/门灯*			21. 前/后车桥组合件*			40. 制动管路	
		14. 仪表/指示器*			22. 平衡扭杆*			41. 制动分泵	
		15. 中控*			23. 前轮主销*			42. 车架纵/横梁*	
		16. 座椅(电动/真皮)			24. 发动机支架部件*			43. 车舱底板	
		17. 地板/顶棚*			25. 变速器支架部件*			44. 电路线路	
		18. 门板/门锁*			26. 动力传动各部件*			45. 排气管/消声器*	
		19. 清洁/完整度			27. 转向器及部件*			46. 底盘防护装置*	
动态检查	驾驶操作电子装置	1. 刮水清洗装置*		行驶状态操控	11. 发动机急速状况*			21. 点制动跑偏(20km/h)*	
		2. 起动/熄火装置*			12. 加速踏板控制*			22. 第三制动(手刹)性能*	
		3. 仪表指示信号*			13. 水温/电压状况*			23. 悬架/阻尼行驶稳定性*	
		4. 喇叭/倒车警报*			14. 时速/转速显示*			24. 加速状态直线行驶性能*	
		5. 前照/转向灯*			15. 发动机提速性能*			25. 低至高速状态隔音性能*	
		6. 制动/倒车灯*			16. 发动机制动性能*			26. 空挡维持直线滑行性能*	
		7. 防雾/示廓灯*			17. 转向盘最大转动量*			27. 驾驶顺平/稳定/舒适性能*	
		8. 其他安全信号灯*			18. 自动回正行驶功能*			28. 绕8字圈转向/制动性能*	
		9. 后视镜调节装置*			19. 变速换挡操控性能*			29. 自动变速器强制降挡功能*	
		10. 空调制冷功能*			20. 离合器工作性能*			30. 路试后检查	

可追加项：　　　　　　　　　　　　　　　　　　　　改装项：

鉴定报告：

该车评估价格：　　　　　　　　　　　　　鉴评人：　　　复核人：　　　客户：

参考文献

[1] 鲁植雄. 二手车鉴定评估师(国家职业资格四级)[M]. 北京:中国劳动社会保障出版社,2008.

[2] 中国机动车安全鉴定检测中心. 如何选购二手车[M]. 北京:机械工业出版社,2003.

[3] James. E. Dufy. 汽车碰撞后的修复[M]. 李杰,等,译. 北京:机械工业出版社,1998.

[4] 吴兴敏. 汽车检测与诊断技术[M]. 北京:中国人民大学出版社,2008.

[5] 陈永革. 汽车服务贸易[M]. 上海:同济大学出版社,2004.

[6] 裘文才. 汽车营销实务[M]. 上海:同济大学出版社,2009.

[7] 陈永革,裘文才. 汽车市场营销一本通[M]. 北京:机械工业出版社,2010.

[8] 国家国内贸易局. 旧机动车鉴定估价[M]. 北京:人民交通出版社,2007.

[9] 全国汽车维修专项技能认证技术支持中心. 汽车碰撞估损[G]. 北京中车行高新技术有限公司,2007.

[10] 张克明. 汽车评估[M]. 北京:机械工业出版社,2002.

[11] 刘仲国. 二手车交易与评估[M]. 北京:机械工业出版社,2008.

[12] Michael Crandell. 事故汽车修理评估[M]. 许洪国,等,译. 北京:高等教育出版社,2004.

[13] 杨益明. 汽车检测设备与维修[M]. 北京:人民交通出版社,2005.

[14] 钟志华. 汽车碰撞安全技术[M]. 北京:机械工业出版社,2003.

[15] 杨万福. 二手车鉴定估价[M]. 北京:人民交通出版社,2000.

[16] 王焕德. 如何选购二手车[M]. 北京:机械工业出版社,2003.

[17] 中华人民共和国工业和信息化部. 道路车辆 车辆识别代号(VIN):GB 16735—2019[S]. 北京:中国标准出版社,2019.

[18] 吴丹,吴飞. 旧机动车鉴定与评估[M]. 北京:人民交通出版社股份有限公司,2018.